NOUS LE SOMMES TOUS,
ou
L'ÉGOÏSME,

I.

On trouve à la Librairie de M. BARBA, *Palais-Royal, Editeur des Œuvres de M. Pigault-Lebrun, formant* 69 *vol. in-*12, *prix :* 150 *fr., les ouvrages suivans* (1) :

L'Enfant du Carnaval, 3 vol. in-12, nouv. fig.
Les Barons de Felsheim, 4 vol. in-12, nouv. fig.
Angélique et Jeanneton, 2 vol. fig.
Mon Oncle Thomas, 4 vol. in-12, fig.
Cent vingt Jours, contenant : Théodore, ou les Péruviens; M. de Kinglin; Metusko, ou les Polonais; Adèle et Dabligny, 4 vol. in-12, fig. Chacun de ces ouvrages se vend séparément.
La Folie espagnole, 4 vol. in-12, fig.
M. Botte, 4 vol. in-12, fig.
Le Citateur, 2 vol. in-12.
Jérôme, 4 vol. in-12.
Théâtre et Poésies, 6 vol.
La Famille de Luceval, 4 vol. fig.
L'Homme à projets, 4 vol.
M. de Roberville, 4 vol.
Une Macédoine, 4 vol. in-12.
Tableaux de Société, 4 vol. Portrait de l'Auteur.
Adélaïde de Méran, 4 vol.
Mélanges Critiques et Littéraires, 2 vol. in-12.
Mélanges et Poésies, 2 vol.
Le Garçon Sans-Souci, 2 vol. fig.
L'Officieux, ou les Présens de noces, 2 vol. fig.

(1) Chaque ouvrage se vend séparément.

ERRATA.

Page 103, ligne 19, nous ne ressemblons pas à la gente, etc., *lisez* : nous ne ressemblons pas mal à la gente.

NOUS LE SOMMES TOUS,

OU

L'ÉGOÏSME,

PAR PIGAULT-LEBRUN,

Membre de la Société Philotechnique, et de celle d'Agriculture, de Commerce et des Arts de Calais.

Primò mihi.

TOME PREMIER.

PARIS,

CHEZ J. N. BARBA, LIBRAIRE,
Éditeur des *OEuvres de Pigault-Lebrun*,
Palais-Royal, derrière le Théâtre-Français,
N°. 51.

1819.

DE L'IMPRIMERIE DE J.-B. IMBERT,
RUE DE LA VIEILLE-MONNAIE, n°. 12.

L'ÉGOÏSME.

CHAPITRE PREMIER.

INTRODUCTION.

« Vous êtes un égoïste. — J'aime à
» croire le contraire. — Au reste, tous les
» hommes le sont. — L'expression est
» forte. — Elle est juste. — Ah ! je
» suis égoïste, moi ? — Hé ! sans
» doute. — J'ai passé les deux tiers de
» ma vie à servir mon pays. — A vous oc-
» cuper de vous. Né avec de la fortune,
» vous avez ambitionné des places. — Je
» les ai méritées. — Afin de les obtenir.
» — Je les ai remplies avec désintéres-
» sement. — Parce que vous n'aviez be-
» soin de rien. Mais il vous fallait de la
» considération, des honneurs, des gens

» à protéger, des inférieurs à brusquer.
» — Je n'ai j'amais brusqué que ceux qui
» n'ont pas fait leur devoir. — Vous seul
» avez été leur juge, et vous avez toujours
» jugé d'après vos dispositions du mo-
» ment. Ne pas adopter aveuglément
» toutes vos idées; ne pas exécuter à la
» minute celle que vous avez le moins ré-
» fléchie; oser discuter avec vous; essayer
» de vous ramener à une manière de voir
» plus saine, sont à vos yeux des torts
» que vous ne pardonnez pas, parce qu'ils
» blessent votre orgueil. Vous avez aussi
» des supérieurs, et vous en parlez avec
» légèreté, pour faire disparaître les dis-
» tances. Un enfant brûle d'atteindre un
» fruit au-dessus de sa portée; il monte
» sur des échasses et il se croit grandi :
» vous êtes cet enfant-là. — J'ai des fai-
» blesses sans doute; mais j'ai, par devers
» moi, des actions, dont je peux m'ho-
» norer. — Lesquelles? — J'ai épousé

» une femme pauvre.... — Vous aviez des
» biens considérables. — Pour relever
» une famille illustre.... — Dont le cré-
» dit vous était nécessaire.—J'ai doté une
» nièce.... — Qu'il fallait éloigner, parce
» qu'elle déplaisait à madame, et que les
» tracasseries de ménage vous fatiguent.
» — J'ai fondé des établissemens utiles.
» — Pour vous entendre louer par le
» public, et lire votre éloge dans les jour-
» naux. — Mais vous empoisonnez tout.
» —Je n'empoisonne rien : j'apprécie les
» choses à leur juste valeur. Oui, mon
» cher ami, tous les hommes sont égoïstes,
» et chacun l'est à sa manière. On colore
» d'un vernis, plus ou moins épais, plus
» ou moins brillant, un penchant naturel,
» qu'on blâme ouvertement dans ceux
» qui contrarient notre marche, et qu'on
» excuse dans l'individu, dont on n'at-
» tend ni bien, ni mal. L'amour-propre,
» ou l'amour de soi est permis et encou-

» ragé, parce qu'il conduit, dit-on, à
» faire de grandes choses. Quelle diffé-
» rence y a-t-il de cet amour de soi à l'é-
» goïsme? une nuance presqu'impercep-
» tible. Pour qui fait-on de grandes
» choses? pourquoi s'expose-t-on à se
» faire tuer pour des querelles, auxquelles
» on est tout à fait étranger? Parce qu'on
» est dévoré de passions sourdes, qu'on
» veut satisfaire à quelque prix que ce
» soit; que ces passions sont tellement
» violentes, qu'elles l'emportent sur l'a-
» mour de la vie, le premier sentiment
» de l'instinct animal. Et celui qu'elles
» subjuguent, qu'elles entraînent est ani-
» mé de l'amour du bien public? Préten-
» dez-vous me prouver cela? Il cède à
» l'amour de soi; il ne voit que la faveur
» et les grâces; que les jouissances, qui
» l'attendent au bout de la carrière. Les
» bonnes gens le décorent des titres les plus
» pompeux : moi, je l'appelle égoïste,

» parce que c'en est un. Je le répéte,
» mon cher monsieur, tous les hommes
» sont égoïstes. J'avoue que je le suis;
» les autres le nient : voilà toute la dif-
» férence ».

Ainsi parlaient M. de Versac et le comte d'Alaire. Le premier est un homme de cinquante ans, à qui de longs travaux ont fait une réputation, que le comte d'Alaire seul ose lui contester. D'Alaire avoue hautement que jamais il n'a rien fait que pour lui, et personne ne le hait, parce qu'on sait que le nom n'est rien à la chose; que l'homme qui s'occupe exclusivement de lui, sans nuire à personne, fait nécessairement du bien à quelqu'un, lorsque le sien se lie à celui d'un autre, ce qui arrive fréquemment. Ce genre d'égoïsme ne vaut-il pas une prétendue philantropie, qu'on affecte pour se faire bénir partout, excepté chez soi : les juges les plus éclairés, les moins corruptibles d'un chef de famille sont sa femme et ses enfans.

Versac et d'Alaire vivaient fort bien ensemble, quoiqu'ils fussent toujours divisés d'opinion. D'Alaire aimait la discussion, parce que très souvent il avait l'avantage sur Versac. Si son adversaire avait eu une certaine supériorité d'esprit et de lumière, il s'en serait éloigné, et il le lui déclarait avec sa franchise ordinaire. L'amitié, lui disait-il, cette divine amitié, si chantée en vers et en prose, n'est qu'une liaison, qui fait toujours une dupe. Lisez, observez, réfléchissez, et vous verrez partout qu'un des deux amis est, plus ou moins, victime de l'autre. Ils restent cependant unis, parce que celui à qui l'amitié est utile, n'a aucun motif de rompre, et que l'autre a contracté l'habitude de céder. Il est subjugué au point de ne plus sentir le poids de sa chaîne. Il en est dédommagé par des soins, des égards, des attentions, des prévenances, qui l'attachent parce qu'il n'est pas sûr de trouver les mêmes avantages ailleurs. Il n'est pas bien ; mais il craint d'être mal, et il se tient où il est : c'est un égoïste.

Vous croyez donc, répondait Versac, que je n'aurais pas la force de m'éloigner de vous, si je croyais devoir le faire ? Je vous en défie, répliquait d'Alaire. Qu'êtes-vous dans le monde ? un être constamment loué, applaudi, enivré, fatigué d'encens, excédé d'entendre dire et de répéter sans cesse les mêmes choses ; un être toujours hors de la nature. Forcé de redevenir homme, à certains intervalles, ce n'est que près de moi que vous vous retrouvez. Je vous dépouille, pour quelques instans, de ce fastueux et triste étalage, qui ne séduit que ceux qui n'en connaissent pas le vide et l'ennui. Je vous fais oublier l'insipide et monotone langage de la flagornerie. Je vous contrarie, je vous gronde; je vous dis quelquefois des vérités dures, qui vous sont rarement utiles; mais enfin je vous rends à vous même, et vous m'en savez intérieurement trop bon gré, pour que jamais vous puissiez sérieusement penser à rompre avec moi.

Le lecteur ne sait pas encore ce qui a amené ces longues et profondes discussions; je m'empresse de le lui apprendre : je ne veux pas lui donner d'humeur, en commençant mon livre. Peut-être n'en aura-t-il que trop, quand il arrivera à la fin.

Versac était entré chez d'Alaire, paré d'un large cordon rouge, et le cœur couvert d'un soleil de paillettes d'or. « Je ne » vois pas grand mal, lui avait dit d'Alaire, » à ce que vous portiez ce qui n'est quel- » quefois que le licou de la bêtise. Vous » ressemblez à cet enfant qui court

» avec ardeur après un papillon revêtu
» des plus brillantes couleurs, et qui ne
» s'en soucie plus quand il s'en est saisi.
» Dans un mois, vous ne verrez plus
» qu'une aune de ruban dans ce qui vous
» rend si fier aujourd'hui. Ce que je ne
» vous pardonne pas, c'est d'avoir rusé,
» intrigué, manœuvré pour enlever à un
» soldat, blanchi sous le poids des armes
» et des ans, un hochet qui eût charmé
» ses derniers jours. — Que n'a-t-il été
» aussi heureux ou aussi adroit que moi ?
» Qu'importe d'ailleurs à la société que
» cet homme s'éloigne triste ou gai ? »
La réplique était simple, et d'Alaire ne
la fit pas attendre. C'est le mot qui commence cet ouvrage : *Vous êtes un égoïste.*

CHAPITRE II.

Que ferai-je de ces deux hommes-là ?

Le titre de ce chapitre rend assez bien l'espèce d'anxiété où je me trouve. Ce n'est pas la première fois que je me suis dit, en attachant quelques feuilles de papier ensemble : Que vais-je faire ? Je commence, n'importe comment ; je vais ; quelques faits se lient ; une action forte ou faible, bonne ou mauvaise s'engage ; j'arrive à un dénouement prévu ou non ; le livre est lancé ; on le lit, puisqu'on le critique, et moi je me repose.

Si cette manière n'est pas la meilleure, elle est au moins la plus commode. Je m'en trouve trop bien pour en changer. D'ailleurs, ce n'est pas après avoir mis, pendant quarante ans, du noir sur du blanc, qu'on s'avise de chercher le mieux possible. Allons, avançons, aux risques et périls des oisifs qui voudront nous lire.

On ne manque pas de se montrer en public le jour, où, pour la première fois, on s'est passé un cordon rouge au cou. Versac était allé à l'Opéra, et vous prévoyez bien qu'il n'avait pas négligé les précautions d'usage. Ses gens avaient quitté la livrée, et s'étaient partagé le parquet. Quelques protégés, beaucoup de ceux qui espéraient l'être, étaient dispersés dans la salle. Dès que Versac parut, un murmure flatteur se fit entendre, et ceux qui n'avaient encore que des espérances, murmuraient plus haut que les autres : ils voulaient se faire remarquer du patron.

Versac n'était pas connu de toute la France, et de bonnes gens se demandaient à qui s'adressaient ces marques d'approbation. Je vais vous le dire, répondit, assez haut, un petit homme sec, au teint hâve, aux sourcils rapprochés, aux nez saillant, à la bouche rentrante, à l'habit râpé, et qui avait les deux mains appuyées sur une vieille canne, que ses ancêtres lui avaient transmise. Cet homme-là aimait le plaisir qui ne lui coûtait rien, par la raison toute simple qu'il ne pouvait l'acheter. La femme de chambre d'une danseuse lui avait donné un billet de parquet, pour applaudir un pas de deux, et il se trouvait précisément sous la loge dont Versac occupait le devant.

« Ce personnage que vous voyez là,
» dit le petit homme, oblige beaucoup
» de gens qui n'ont besoin de rien, parce
» qu'ils sont répandus dans le grand
» monde, et qu'ils étayent une réputa-
» tion de philantropie, qui chancelle
» quelquefois, et que le protecteur s'est
» acquise, on ne sait trop comment. Ils se

» gardent bien de dire que cet homme
» est dur, ingrat, injuste même à l'é-
» gard de ceux qu'il ne craint pas. J'ai
» servi trente ans dans les bureaux de son
» administration, et j'ai été renvoyé,
» parce que ma place convenait au frère
» d'une petite fille pour qui il a des
» bontés. On le félicite assez directement
» sur la décoration qu'il vient d'obtenir,
» et celui qui l'avait méritée est mort
» aujourd'hui du chagrin d'avoir été
» écarté. »

Versac n'avait pas perdu un mot, et l'intention du petit homme était de se faire clairement entendre : on a nécessairement de l'humeur, quand on a perdu un emploi, dont on tenait l'existence, et il est bien difficile de ne pas se venger, quand on en trouve l'occasion.

Ce que venait de dire Moufflard passa de bouche en bouche, et bientôt des murmures d'improbation couvrirent ceux qui flattaient si agréablement l'oreille de Versac. Il ne pardonnait la contradiction qu'à d'Alaire. Il était vif, emporté, et déjà il pâlissait de colère. Cependant nous n'étions plus au bon temps, où un grand écrasait l'homme du peuple qui osait le juger, et il faut imposer silence, de quelque manière que ce soit, à un censeur d'autant plus dangereux qu'il est véridique. Versac prit tout à coup un air affable, et fit signe à Moufflard. Moufflard ne savait s'il devait se rendre à l'invitation de Versac : la loi le protégeait ; mais on l'élude quelquefois. Un second signe, un sourire de bienveillance encouragent le petit homme. Il se lève, il traverse le parquet, au grand mécontentement de ceux qu'il dérange. Il sort, il gagne l'escalier des premières, il arrive à la loge de monseigneur.

« Dites-moi, monsieur, pourquoi de-
» puis trois jours vous n'avez point paru

» dans les bureaux ?— Parbleu, mon-
» seigneur, vous m'en avez chassé. —
» Chassé! ah, mon ami!... je ne retrouve
» pas votre nom. — Moufflard, pour
» vous servir, monseigneur. — Mouf-
» flard, c'est bien cela ; un ancien em-
» ployé.... — Trente ans de service. —
» Et vous avez pu croire que je vous aie
» destitué ! — Je ne vois pas comment
» j'en aurais pu douter. — Vous n'avez
» donc pas reçu votre nouvelle commis-
» sion ? — Ma nouvelle commission !
» quoi, monseigneur, vous auriez eu la
» bonté.... — En vérité, rien ne finit
» dans ce bureau du personnel. Oui,
» mon cher, j'ai nommé à votre petite
» place un jeune homme qui donne de
» grandes espérances, et je vous ai fait
» monter à un emploi de mille écus. —
» Ah! monseigneur, comment recon-
» naître.... — En continuant de vous
» conduire, comme vous l'avez fait jus-

» qu'ici. Passez demain à deux heures
» au bureau des expéditions. Allez,
» Moufflard, allez. »

Moufflard se retire à reculons, en faisant des révérences jusqu'à terre. La porte de la loge est à peine fermée, qu'il se relève et se caresse le menton ; son air est rayonnant; il traverse d'un pied léger ces corridors dans lesquels il s'était traîné quelques minutes auparavant. Il rentre au parquet, il saute sur une banquette ; il s'appuye sur une épaule ; il fait tomber un chapeau ; il froisse, du genou, une omoplate. On tempête, on le maudit ; il va toujours, il n'entend rien, il a une place de mille écus.

Il a retrouvé celle qu'il occupait a parquet. Le rideau n'est pas levé encore, et il se livre aux idées les plus riantes. « I
» faut avouer, dit-il à ses voisins, qu
» les hommes sont bien injustes ! j'ai os'
» blâmer la conduite de monseigneur, e

» il vient de me prouver qu'il est le père
» de ses employés. — Quoi! votre em-
» ploi... — Il m'en a donné un qui double
» mes appointemens, et je l'ignorais!...
» et il a eu la bonté de me le dire en per-
» sonne! Oh! je lui suis dévoué pour la
» vie. — Je vous fais mon compliment
» relativement à vous; mais ce cordon
» rouge... — Ce cordon rouge, ce cordon
» rouge?.... Ne faut-il pas que le chef
» d'une administration militaire soit dé-
» coré? Doit-on, un jour d'audience, être
» obligé de demander à l'huissier qui de
» ces messieurs est monseigneur? Et
» monseigneur pouvait-il prévoir que
» son concurrent prendrait la chose à
» cœur au point de se laisser mourir?
» C'était un imbécile que cet homme-là.
» N'y aurait-il pas eu une promotion nou-
» velle dans six mois, dans un an? Tout
» vient à point à qui sait attendre. »

L'ouverture commence et les conversations finissent. Ce que venait de dire Moufflard avait été entendu de ceux qui l'entouraient, et n'avait persuadé personne : on sait assez quel changement apporte, dans la manière de voir, une grâce inattendue. On cessa de s'occuper de monseigneur et de Moufflard.

Le petit homme avait imaginé faire un coup de maître, en s'efforçant de rétablir une réputation qu'il avait si vivement attaquée, et il avait parlé à haute voix : il fallait bien que monseigneur le crût reconnaissant. Cette marche est connue, et pourtant elle pouvait le conduire, plus tard, de mille écus à quatre mille francs. Encore un égoïste.

Un homme, dont la fortune est inopinément doublée, se soucie fort peu de roulades et d'entrechats. L'audace du tyran, les larmes d'une princesse opprimée, sont des balivernes indignes de l'occuper : Moufflard était tout entier à l'emploi qu'il fera de ses mille écus. Il descendra du sixième au second; il aura une feuillette de vin dans sa cave, une petite bonne, qui fera un peu de tout, et dès le lendemain, il achètera un habit neuf à crédit. Il ne pense pas à la place qu'on lui a donnée; il ne se demande pas s'il pourra la remplir : il n'en voit que les émolumens.

Ah! coquin, se disait Versac, tu m'as forcé à te faire du bien! va, je t'en punirai à la première occasion.

« Monsieur, dit le lendemain Versac,
» à un chef de division, vous m'avez fait
» commettre une injustice. — Moi,
» monseigneur! — Vous m'avez fait des-
» tituer Moufflard. — Votre excellence
» voulait placer M. Mauret; elle m'a de-
» mandé quel était l'imbécile qu'on pou-
» vait renvoyer. — Je n'ai pas dit un
» mot de cela, monsieur; vous entendez
» toujours mal. D'ailleurs Moufflard est

» loin d'être un sot : je sais qu'il connaît
» les hommes. — Mais les choses, mon-
» seigneur ? — Et puis il a trente ans de
» service. — Je vous l'ai dit, monsei-
» gneur. — Non, monsieur; si je l'avais
» su, Moufflard serait resté dans mes bu-
» reaux. Au reste, il est inutile de discuter
» là-dessus. Vous m'avez fait faire le mal,
» il faut que vous le répariez. — Ordon-
» nez, monseigneur. — Je veux qu'à
» deux heures Moufflard ait la commis-
» sion d'une place de mille écus. — Mon-
» seigneur, il n'y en a pas de vacante.
» — Créez-en une, monsieur. — En vé-
» rité, monseigneur, je ne sais.... —
» Hé! monsieur, vous trouvez des diffi-
» cultés à tout. Dites-moi, s'il vous plait,
» pourquoi j'ai des chefs de divisions?
» Est-ce pour tout voir, tout faire par
» moi-même, pour entrer dans les moin-
» dres détails? Allez, et faites ce que je
» vous demande. »

Une heure après, le chef de division rentra et présenta une commission à la signature. « Ah ! voyons cela, dit Ver-
» sac.... Inspecteur des fournitures des
» bureaux. J'aime assez ce titre-là. Et
» quelles seront les fonctions de cet ins-
» pecteur ? — Monseigneur, il tiendra
» note des règles, canifs et grattoirs qui
» seront distribués aux employés; ils n'en
» recevront de neufs que sur le bon de
» l'inspecteur, et ils n'obtiendront ce bon
» qu'en lui présentant le manche de l'ins-
» trument cassé. — Comment donc,
» monsieur, ne m'avez-vous pas proposé
» plutôt de créer cette place-là ? Elle est
» vraiment nécessaire. Quoi! un em-
» ployé pouvait mettre son canif dans sa
» poche, et en demander un le lende-
» main ! je ne m'étonne pas si les frais de
» bureaux sont si considérables. De l'or-
» dre, monsieur, de l'ordre, jusque dans
» les moindres parties, entendez-vous?...

» Ah! vous ajouterez aux attributions
» de l'inspecteur, qu'il sera chargé de la
» distribution du papier et des plumes,
» et qu'on en justifiera l'emploi, en lui
» présentant toutes les minutes : je ne
» veux pas que les femmes de mes em-
» ployés fassent des papillotes avec du
» papier blanc. Et ne m'avoir pas encore
» parlé de cela ! c'est inconcevable. Sa-
» vez-vous, monsieur, qu'il résultera,
» de la création de cette place, une éco-
» nomie réelle pour le trésor ? »

Monsieur le chef de division était né plaisant; mais il est convenu qu'un subordonné ne peut rire en présence de son supérieur, que lorsqu'il y est autorisé par l'exemple : or, monseigneur gardait un sérieux imperturbable. Le chef de division se retourne, pour étouffer un éclat prêt à lui échapper, et il marche sur l pate du sapajou de son excellence. Le sa pajou jette un cri, saute sur la cheminé et renverse la pendule. Le chef de division s'enfuit; l'huissier du cabinet accourt au bruit de la chute et de la fracture; le sapajou, effrayé, donne de la tête dans un carreau de vitre et le brise; il file le long du balcon, grimpe au haut d'un treillage, et en quatre sauts il est sur le toit. Monseigneur ordonne à l'huissier de le suivre et de le ramener.

Le sapajou avait pris le chemin le plus court. Un homme en habit noir complet, poudré à blanc, décoré de l'ordre argenté de l'antichambre, ne pouvait sauter comme lui. Il eût été très inconvenable, d'ailleurs, de compromettre la dignité du costume. L'huissier prend gravement sa route par le grand escalier. Il arrive au grenier, et passe avec précaution la tête à travers une lucarne. Tout être aime la liberté. Le sapajou, enchanté d'avoir recouvré la sienne, faisait sur le toit, mille gentillesses, qui arrêtaient les passans. L'huissier lui représente que ce qu'il fait est très joli, mais que monseigneur est inquiet, et qu'il convient qu'il rentre. Le sapajou répond par une gambade au discours très sensé de l'huissier. L'huissier le menace des yeux et de la main; le sapajou lui fait la grimace. L'huissier, accoutumé aux marques de déférence que lui prodiguent ceux qui sollicitent l'honneur de dire à son excellence un mot, qu'elle oubliera, quand ils seront sortis, l'huissier se croit un personnage, et trouve la grimace du sapajou déplacée, impertinente. Il lui lance un morceau de plâtre, qui se trouve sous sa main. Le sapajou accepte le défi, et le combat s'engage. Des débris d'ardoises volent au nez et aux oreilles de l'huissier, qui trouve convenable de mettre sa tête à l'abri des coups. Il la rentre, et descend aussi gravement qu'il est monté, en secouant légèrement de la main, la poussière dont ses épaules sont chargées.

Monseigneur, à qui rien ne doit résister, est indigné que le sapajou soit resté sur le toit. Il apprend à l'huissier que ses fonctions sont susceptibles de varier, selon les circonstances, et que dans celle-ci, il ne doit pas balancer à exposer un bras ou une jambe. L'huissier n'est pas persuadé : il se soucie très peu de son excellence et de son sapajou ; mais il a contracté l'habitude de l'oisiveté, et il tient à sa place. Il sort du cabinet de monseigneur, et il descend, avec l'espoir de trouver, en bas, quelqu'un qui fera ce qu'il n'a pu faire en haut. La cour, la rue sont obstruées par la valetaille de l'hôtel et une foule de curieux. L'huissier prend la parole, et sa figure solennelle commande le silence. On apprend que le sapajou appartient à son excellence, et qu'une récompense *honnête* est destinée à qui le ramènera.

Le sapajou de monseigneur ne peut être un sapajou comme un autre. On admire celui-ci dans la proportion de la dignité du maître, et un pauvre diable, qui sollicitait une place de garçon de bureau, lui ôte respectueusement son chapeau : l'excellence pouvait l'apercevoir à travers ses croisées, et concevoir des dispositions favorables pour l'être qui lui est dévoué jusque dans la personne de son sapajou.

Moufflard attendait avec impatience que deux heures sonnassent. Le marteau de l'horloge lui communique une activité nouvelle. Il trote, il court, il arrive, il s'étonne, il interroge, il a trouvé l'occasion précieuse de justifier les bontés de monseigneur. Il fend la presse, il s'élance. Il n'a pas encore son habit neuf; il ne craint pas de gâter celui qu'il porte, et en quatre secondes il est sur le toit. Les applaudissemens, *les bravo*, qui lui sont prodigués de la rue, l'encouragent; il avance, et le sapajou recule. Moufflard pressent que de toit en toit il peut aller jusqu'au bout de la rue, et cette manière de voyager n'est pas agréable pour quelqu'un qui n'y est pas accoutumé. Mais que ne fait-on pas avec de l'imagination, j'allais dire avec du génie? Moufflard a dans sa poche le petit pain et la pomme de rainette, destinés à lui faire attendre son modeste dîner. Il ne perd pas de temps à pérorer, comme les héros d'Homère et l'huissier. Il tire sa rainette de sa poche; il la fait voir au sapajou; il le caresse de la voix et du geste. Le sapajou s'approche, recule, avance encore; la gourmandise étouffe enfin l'amour de la liberté. La rainette de Moufflard est croquée; mais il tient le sapajou sous son bras. Les applaudissemens redoublent, et il rentre triomphant par cette même lucarne, théâtre de la fuite honteuse de l'huissier.

Le sapajou, qui n'a plus rien à croquer, regrette le grand air, et prétend se remettre en jouissance de ses droits naturels. Moufflard résiste ; le sapajou mord, égratigne. Semblable à ce jeune Spartiate qui se laissa déchirer le ventre par un renard, Moufflard périra plutôt que de ne pas réintégrer le sapajou dans le cabinet de son excellence. Il court, arrive à la porte du sanctuaire ; l'huissier l'a prévenu, et se présente pour recueillir le fruit de la victoire qu'il n'a pas remportée. *Sic vos, non vobis...*

Moufflard presse le sapajou de ses deux bras, et jure qu'on lui arrachera la vie avant de le lui enlever. L'huissier insiste, Moufflard se défend avec les pieds, ne pouvant mieux faire. L'huissier, macéré dans certain endroit sensible, s'emporte tempête; ses vociférations parviennent jusqu'au tympan de monseigneur. L'excellence ouvre la porte; le sang, qui couvre la figure de Moufflard, atteste ses exploits. Le vainqueur présente humblement le vaincu. Monseigneur prend son sapajou, le caresse en rentrant dans son cabinet, et en referme la porte, sans daigner adresser un mot à Moufflard. N'est-il pas, en effet, trop heureux d'avoir reçu quelques égratignures pour l'homme à qui il doit tant?

Ah! pensait Moufflard, monseigneur ne m'a pas remercié, parce qu'il était tout entier au plaisir de revoir son sapajou; mais il ne caressera plus ce charmant petit animal, sans penser à ce qu'il m'en a coûté pour le rendre à sa tendresse, et ma fortune est assurée.

Il court au bureau du personnel, et il se présente avec la fierté d'un héros sortant du champ de bataille. On l'entoure, on l'interroge; on sait bientôt qu'il ne lui manque qu'un poëte épique pour transmetire son nom à la dernière postérité. On lui remet sa commission; on le comble d'éloges, parce qu'on le croit au mieux dans l'esprit du patron, et un sot, qui a du crédit, est à ménager comme un autre.

Le garçon du marchand papetier venait d'apporter quelques fournitures. Il apprend que son excellence a créé un inspecteur de canifs et de grattoirs; il sort avec Moufflard et lui demande son adresse. Moufflard ne prévoit pas ce qu'on en veut faire; mais il n'a pas le temps de faire des questions. Il indique le café, qui est au bas de la maison, dont il occupe le comble : il ne recevra personne chez lui avant que d'être descendu au second étage. Il se hâte d'entrer chez le suisse de l'hôtel. On lui prodigue l'eau fraîche; on lui présente une serviette sale; il se met en état de paraître sans être suivi d'une meute de polissons.

Il était six heures du soir; le tailleur avait apporté l'habit complet, payable à tant par mois. Moufflard s'en était paré, et il était descendu au café d'un air important. Il était du nombre de ceux qui n'entrent dans ces sortes de maisons que pour y lire les journaux, voir jouer aux dominos et aux dames, et qui, de loin en loin, se font servir un verre d'eau. Rien de tout cela ne se paye, et il en résulte, pour cette espèce d'habitués, une économie journalière de bois et de chandelle. Ce sont de mauvaises pratiques pour la limonadière; mais il faut bien que les oisifs indigens trouvent un asile. D'ailleurs, il en est qui ne manquent pas d'esprit; qui savent monter la conversation sur un ton intéressant; qui se font écouter, autour de qui on fait cercle, et qui attirent quelques consommateurs.

Le garçon a l'ordre de donner à ceux-ci le morceau de sucre avec le verre d'eau.

Moufflard n'était pas né orateur; cependant il n'était pas sans imagination. Son changement de situation lui avait monté la tête, et il faisait l'éloge de monseigneur avec enthousiasme, et avec la confiante audace que donne un habit neuf. Il racontait comment il avait remis, dans les bras de son excellence, le fugitif sapajou; et cinq à six bandelettes de taffetas d'Angleterre, appliquées sur différentes parties de sa figure, attestaient la vérité des faits. On l'écoutait avec attention, avec déférence même, lorsqu'un homme entra, d'un air affable et riant. Il portait ses yeux autour de lui, et ses regards semblaient dire : Où donc est M. l'inspecteur de canifs et de grattoirs? Il le reconnut bientôt aux emplâtres qui couvraient ses honorables blessures; il le salua poliment, lui prit la main, et le tira à l'écart. C'était le fournisseur des bureaux de son excellence.

Quand on veut traiter une matière délicate, on prend ordinairement un détour pour arriver au but. « Monsieur
» a-t-il pris son café ? demande le mar-
» chand de papier à Moufflard. — Jus-
» qu'à présent, monsieur, je n'en ai pris
» qu'aux quatre grandes fêtes de l'année.
» —Vous en prendrez aujourd'hui, mon-
» sieur, et il dépend de vous d'en pren-
» dre tous les jours. Garçon, deux demi-
» tasses et deux petits verres. — Mais à
» qui ai-je l'honneur de parler ? — A un
» homme qui ne s'occupe qu'à faire pros-
» pérer son commerce, par tous les
» moyens honnêtes, qui sont à sa dispo-
» sition, et qui sera flatté d'ajouter à
» votre bien-être. C'est moi qui vends
» tous les objets qu'on vient de soumettre
» à votre inspection. — Ah ! monsieur,

» je suis fort aise... — Il est reconnu que
» les employés passent la moitié du temps
» au bureau, à lire la gazette, à déjeu-
» ner, et à tailler des plumes. C'est leur
» rendre service que chercher à pro-
» longer la taille des plumes et le grat-
» tage d'une faute ou d'un pâté ; et
» comme il faut obliger le prochain, sur-
» tout quand on y trouve son compte,
» nous leur donnerons des instrumens,
» qui couperont peu, mais qui ne coûte-
» ront que six sols et que je ferai payer
» vingt. Comme il faut encore que tout
» le monde vive, je vous mets d'un tiers
» dans mes bénéfices, et cela pourra mon-
» ter à soixante francs par mois. — En
» vérité ! — Faites-moi le plaisir de re-
» cevoir le premier mois d'avance. —
» Monsieur... — Ah ça ! il est convenu
» que vous trouverez bon tout ce que je
» fournirai. — Si cependant on crie trop
» fort?.... — Des employés se plaindre

» de ne pas travailler! cela ne s'est ja-
» mais vu. Et puis, ils sont intéressés à
» me ménager : je leur donne à chacun,
» au premier jour de l'an, un almanach
» doré sur tranche. — Mais le travail
» souffrira... — Qu'est-ce que cela fait ?
» qu'est-ce que cela fait? On créera vingt
» ou trente emplois de plus; vingt ou
» trente pères de familles seront placés,
» et j'aurai fait notre bien particulier et
» le bien public à la fois. Oh ! je ne suis
» pas égoïste, moi. — Ma foi, monsieur,
» je n'ai rien à répondre à d'aussi bon-
» nes raisons. » Et Moufflard met ses
soixante francs dans sa poche.

CHAPITRE III.

Revenons au comte d'Alaire.

Que faisait-il, pendant que Versac était à l'Opéra? Il sortait de table et il s'ennuyait : c'est ce qui arrive assez ordinairement aux vieux célibataires. D'Alaire avait eu pendant long-temps des idées de mariage, et il les avait combattues. Si je me marie, disait-il, je m'engagerai à faire le bonheur de ma femme ; elle sera exigeante, elles le sont toutes. Il faudra que je lui sacrifie ma vie entière, et je suis bien aise de vivre pour moi : je suis égoïste.

L'amour s'était, une fois ou deux, glissé dans son cœur, et il avait résisté. Cette dame si jolie, pensait-il, qui m'accueille, qui m'attire, donnerait de la vanité à tout autre. Mais que me prouverait sa faiblesse ? Qu'elle a le goût du plaisir, et qu'elle a cru que je lui conviens mieux qu'un autre. Que son espoir soit déçu, elle me quittera; que je sois l'homme qu'elle cherchait, elle me quittera encore, parce que l'amour s'use d'un côté pour gagner d'un autre. Et puis son mari s'aime passionnément en elle. Que cette intrigue perce, il sera malheureux; si je causais le malheur de quelqu'un, je ne dormirais pas tranquille, et j'aime à dormir d'un bon somme.

De projets en projets, de raisonnemens en raisonnemens, d'Alaire était arrivé à sa cinquantième année. Il pensait alors qu'il était trop tard pour revenir aux agréables chimères qu'il avait caressées pendant sa jeunesse. Il avait dîné. Il s'ennuyait, comme je vous le disais tout à l'heure; il avait pris son Plutarque, et il passait d'un homme célèbre à un autre : ces prétendus grands hommes, disait-il, n'ont rien fait que pour eux; ils ont obtenu des honneurs pendant leur vie, et ils sont morts avec la certitude que la postérité s'occuperait d'eux. Moi, je ne vois dans tout cela qu'une ressource contre l'ennui, et je m'embarrasse fort peu de ces messieurs-là.

Cependant d'Alaire continuait de lire, et, sans s'en apercevoir, il souriait à tel trait de grandeur ou d'héroïsme. Se surprenait-il, applaudissant malgré lui à Thémistocle, à Aristide, il jetait le livre, le reprenait après avoir fait un tour ou deux dans son salon; et fatigué de le jeter et de le reprendre, il sonne et ordonne qu'on mette ses chevaux.

Il descend, et croit remarquer que son cocher n'est pas d'aplomb sur son siége. « Malheureux! ce n'est donc pas » pour me servir que tu es entré chez

» moi ; c'est pour y gagner de quoi te
» griser ; tu ne t'occupes que de toi : tu
» es un égoïste. Va te coucher, maraud.
» Si je sortais, mon carrosse te passerait
» sur le corps, et je n'entends pas avoir
» d'être souffrant chez moi. Le spectacle
» de la douleur m'afflige, et je ne veux
» compatir aux peines de personne. »

D'Alaire allait remonter, et probablement reprendre son Plutarque. Son suisse querellait une jeune personne éplorée, qui voulait absolument parler à M. le comte. « Pourquoi empêcher
» mademoiselle de m'approcher ? -- M. le
» comte a fait défendre la porte. — Oui ;
» mais je suis ici, et c'est à moi d'éloi-
» gner ou de recevoir cette jeune per-
» sonne. Imaginez-vous, parce que je
» vous ai donné le baudrier, que vous
» soyez établi gouverneur de ma maison,
» et que personne ne me verra que sous
» votre bon plaisir ? D'ailleurs, quel usage

» faites-vous de cette autorité supposée ?
» Vous avez l'ambition de marquer ;
» vous voulez être un personnage, n'im-
» porte à quel prix. Vous affligez un en-
» fant qui n'a peut-être que trop de sujets
» de chagrin. Vous voyez ses larmes sans
» émotion. Vous êtes un égoïste. Montez,
» mademoiselle, montez.

» Un égoïste ! un égoïste ! répétait le co-
» cher en bredouillant ; qu'est-ce que cela
» veut dire, papa Sturmer ? — Cela veut
» dire... cela veut dire... ma foi, je n'en
» sais rien. — Est-ce un compliment ?
» est-ce une injure ? — Une injure ! cela
» ne se peut pas. Monsieur répète à cha-
» que instant, qu'il est égoïste aussi, et
» on ne se dit pas de sottises à soi-même.
» — D'ailleurs, monsieur fait tant de bien !
» — C'est vrai, c'est très vrai. — C'est
» donc un compliment que monsieur
» nous a fait. — Nous ne pouvons plus en
» douter. — Cependant il paraissait mé-

» content de nous. — Bah ! ne gronde-
» t-il pas sans cesse ? — C'est encore vrai,
» et il a voulu adoucir ce que ses pre-
» mières paroles ont eu de dur, en finis-
» sant par un mot propre à nous les faire
» oublier.—Je continuerai donc de boire,
» pour le bien de mon marchand de vin.
» — Moi, je serai toujours ferme pour
» l'honneur de ma livrée, et pour donner
» une haute idée de M. le comte. »

D'Alaire a conduit la jeune personne
à son appartement ; il lui a avancé un
fauteuil d'un air affable ; il s'est assis à
côté d'elle. « Ne vous flattez pas, lui dit-
» il, que je prenne à vous le moindre
» intérêt. Que m'importe que vous souf-
» friez ou non ? mais je pense que j'aurai
» du plaisir à sécher vos larmes, et j'en
» tarirai la source. Parlez, mademoiselle.
» Qu'avez-vous ? que puis-je pour vous ? »

Le lecteur n'a pas oublié un certain
Mauret, à qui son excellence a donné

l'emploi que Moufflard exerçait depuis trente ans. Il se souvient que la place d'inspecteur de canifs et de grattoirs est due à la confidence que Moufflard a faite au public de l'Opéra, des amours clandestins de monseigneur. La jeune personne est la sœur de Mauret.

Les premières phrases de d'Alaire avaient glacé Julie. Ses derniers mots lui rendirent de la force et de l'espérance. Elle tourna, vers l'homme qu'elle implorait, un grand œil bleu, d'une douceur, d'une expression !.... « Mon » enfant, ne me regardez pas ainsi. » Parlez, vous direz moins ; mais je » pourrai écouter sans distraction. Baissez donc les yeux, mademoiselle, et » parlez. — M. le comte... M. le comte... » M. le comte.... — Hé ! je sais bien que » je suis comte, comte sans comté, sans » priviléges. M. le comte aujourd'hui, » ne veut pas dire beaucoup plus que

» M. Thomas, ou M. Guillaume : aussi
» ne suis-je pas enorgueilli de mon titre.
» Cependant, je suis bien aise d'être
» homme de qualité; cela me tire de la
» foule, et commande les égards des gens
» superficiels à qui j'ai affaire. Ce que
» je dis, mademoiselle, cesserait de vous
» étonner, si vous saviez que j'ai le vice
» essentiel de l'espèce humaine. — Un
» vice, monsieur le comte, vous? —
» Oui, moi, mademoiselle, moi, comme
» un autre, comme vous, sans doute...
» Vos larmes redoublent.... Pardon,
» pardon, ma chère enfant. Je vous ai
» dit une vérité dure; votre douleur
» m'afflige moi-même et je ne veux pas
» m'affliger. Parlez donc, je vous en
» supplie, bannissons ces tristes pensées. »

Julie ne comprenait rien à ce mélange de dureté et de bienveillance. On lui avait vanté le cœur de d'Alaire, et elle commençait à se repentir d'avoir fait une démarche qui n'avait servi encore qu'à l'humilier. Cependant elle croyait n'avoir rien de plus à redouter, et elle commença à s'expliquer, au risque d'être souvent interrompue. « — M. le comte, » j'ai perdu mon père bien jeune. — Je » ne peux vous le rendre. — Ce fut » pour moi le plus grand des malheurs. » — Ah! j'entends; votre père était » bon; vous aviez en lui un ami vrai, » un guide, et voilà pourquoi vous le » regrettez. — Je l'aimais par reconnais- » sance.... — C'est-à-dire par le souvenir » de ce qu'il a fait pour vous et par l'es- » poir qu'il ferait davantage. — Mon- » sieur, vous calomniez mon cœur. — » Mademoiselle, de grands mots ne » m'en imposent pas; mais finissons. En » quelle mains vous a laissée votre père? » — J'ai une mère, M. le comte.... — » Vous soupirez. Cette mère ne vous est » pas aussi chère que l'était votre père,

» — Je la respecte, monsieur. — Et
» vous ne l'aimez pas, parce qu'elle a
» quelques torts graves envers vous. —
» Ah, monsieur!... monsieur.... — Le-
» vez-vous, mademoiselle. Je ne souffrirai
» pas que vous restiez dans cette attitude
» humiliante. — Monsieur, sauvez-moi
» l'honneur et la vie. »

D'Alaire la relève, la replace dans son fauteuil, se tait, et prête une oreille attentive. « Le valet de chambre d'un
» grand seigneur est venu chez nous,
» il y a quelques jours. Son maître, a-t-il
» dit, m'a vu à une représentation de
» *la Fille d'honneur*....—Ah! vous allez
» au spectacle! les jeunes filles aiment
» à voir des *Nanine*, des *Paméla* : cela
» donne des espérances flatteuses. Enfin,
» vous aviez un billet pour entendre *la*
» *Fille d'honneur*. — Heureux billet! il
» m'a éclairé sur le danger qui me me-
» nace. — Bon, bon. Revenez, s'il vous

» plait. Le maître du valet de chambre
» vous a vue au spectacle. — J'étais
» pourtant bien haut. — Ma fille, le
» vice a l'œil perçant. — Cet homme a
» fait des offres brillantes à ma mère...
» — Qui les a acceptées? — Hélas! mon-
» sieur.... Il a promis une place à mon
» frère.... — Et à vous, mon enfant?
» — Tout ce que je voudrais. — Vous
» êtes née sans doute dans une classe in-
» digente. — Je suis ouvrière en den-
» telles. — Et vous êtes sans protecteur :
» le lâche n'outrage jamais que lorsqu'il
» peut le faire impunément. Poursuivez.

» — Cet émissaire est sorti, et ma
» mère a essayé de me persuader. —
» Qu'avez-vous répondu? — Que je pré-
» fère ma réputation à l'éclat des richesses.
» — Cela signifie que vous trouvez à
» suivre la sagesse, plus de satisfaction
» que vous en procureraient l'or et les
» diamans. On est fier, d'ailleurs, d'avoir

» résisté à la séduction. On s'est élevé à
» ses propres yeux, et on se laisse aller
» au plaisir de s'honorer soi-même. —
» Celui-là est bien légitime, monsieur.
» — Je n'en disconviens pas, mon en-
» fant; mais ce n'en est pas moins de
» l'égoïsme. Enfin? — Enfin, monsieur,
» ma résistance, mes prières, mes pleurs
» ont été inutiles, et ce soir, on doit,
» on veut.... il faut.... — On tentera,
» on voudra vainement. Vous n'irez
» pas.... Et où veut-on vous conduire?
» — Monseigneur doit venir déguisé....
» — Ah! c'est un monseigneur! ils sont
» plaisans ces seigneurs, qui ne savent
» rien respecter! Son nom, s'il vous plait?
» — On le dit votre ami; on assure que
» vous pouvez tout sur son esprit, et
» voilà pourquoi je suis venue me réfu-
» gier près de vous. — C'est Versac,
» c'est Versac! Il y a trois jours que je
» n'ai eu le plaisir de le gronder. Oh!

» quelle scène je vais lui faire ! quelle
» bonne nuit je passerai ! Mais pourquoi,
» mademoiselle, avez-vous préferé un
» ami de Versac à tout autre ? — Je suis
» déterminée à ne pas céder ; mais mon
» frère a une place dont il avait le plus
» grand besoin, et vous seul, m'a-t-on
» dit, pouvez tout concilier. — Ah ! du
» calcul ! et vous aimez ce frère ? — Bien
» tendrement. — J'entends : vous vous
» aimez en lui. Qu'on vienne me dire que
» l'égoïsme n'est pas le vice commun à
» l'espèce humaine, lorsque la candeur
» et l'innocence en sont entachées !

D'Alaire se lève et sonne. « Faites
» venir Mme. Bernard. » Mme. Bernard
est sa femme de charge. « Madame, je
» vous confie mademoiselle. Logez-la
» avec vous ; qu'elle soit traitée avec les
» égards dus au malheur. Allez et féli-
» citez-vous de ce que les bienséances
» m'obligent à vous sacrifier la moitié

» d'une jouissance. Ah! dites à Julien
» de m'aller chercher un fiacre. »

Mme. Bernard était une femme bien née, que de longs malheurs avaient réduite à solliciter une place quelconque. On avait parlé d'elle à d'Alaire, qu'il l'avait prise sans savoir à quoi il l'occuperait, et qui ne la rencontrait jamais dans ses appartemens, sans se dire avec complaisance : C'est moi qui ai éloigné d'elle la misère, et les humiliations qui l'accompagnent.

La femme de charge mourut. Il donna sa place à Mme. Bernard, et il se disait encore : Elle ne rougira plus de devoir son bien-être à la pitié ; elle gagnera ce que je lui donnerai; elle sera heureuse, et ma jouissance sera plus vive et plus pure.

Madame Bernard avait reçu une éducation qui interdit les questions indiscrètes. Mais elle n'avait jamais eu de passion dominante ; elle vivait dans la retraite ; elle avait quarante-cinq ans, et, tôt ou tard, il faut payer le tribut au malin. Elle était devenue curieuse à l'excès, et la manière dont Julie était entrée à l'hôtel ; l'intérêt honnête, mais pressant, que le comte paraissait prendre à la jeune personne, lui promettaient une conversation longue et piquante. Elle sut bientôt ce que d'Alaire n'avait pas voulu apprendre, ce dont peut-être il n'avait pas pensé à s'informer. M. Mauret était capitaine de cavalerie, et fut tué à la bataille de Wagram. Il laissa une jeune veuve et deux enfans en bas âge, dépourvus de ressources. Mme. Mauret avait été jolie, et à force de questions et d'interprétations, Mme. Bernard put croire que la délicatesse n'avait pas toujours dirigé la mère de Julie dans le choix des moyens d'existence. La sagesse de la jeune personne l'étonna et lui inspira un attachement sincère. Jusqu'alors elle avait suffi à tout. Elle s'aperçut, pour la première fois, qu'il était indispensable d'attacher à la lingerie, une ouvrière adroite, laborieuse et sûre. Elle y conduisit Julie, et en deux heures de temps, elles formèrent un tas énorme de linge, qui avait quelque besoin d'être réparé.

Ces dispositions préliminaires terminées, Mme. Bernard revint à son goût dominant, et releva la conversation. Il était assez naturel que Julie se fît expliquer la contradiction continuelle qu'elle avait remarquée dans le comte, et comment on peut allier, à l'extrême bonté, la bizarrerie et même la dureté des expressions. « Que cela ne vous inquiète
» pas, ma chère amie, lui dit Mme. Bernard ; laissez passer les mots et arrê-
» tez-vous aux choses. Tout homme a sa
» manie ; celle du comte est de se per-
» suader, de tâcher de faire croire à tout
» le monde que l'égoïsme est le levier qui
» remue le genre humain. Depuis que je le

» connais, il n'a rien fait que la vertu ne
» puisse avouer, et il repousse avec opi-
» niâtreté le titre d'homme vertueux.
» Sans cesse il pratique le bien, et son
» cœur est toujours sec et froid. C'est un
» malheur pour lui, sans doute; plai-
» gnons-le d'avoir adopté un semblable
» système; mais gardez-vous de le com-
» battre, si, par hasard, il vous déve-
» loppe quelques-unes des idées qu'il a
» adoptées à ce sujet. Attribuez aussi à
» l'amour de vous le peu de bien que vous
» pourrez faire chez lui, et vous parvien-
» drez en peu de temps à la plus haute
» faveur.

» Du moment où je suis entré ici, il
» m'a marqué de la considération et de
» la confiance. J'ai souffert de la cons-
» tance avec laquelle il cherche à se dé-
» grader à ses propres yeux. Je me suis
» permis quelques représentations; j'ai
» voulu prouver que l'homme de bien

» s'élève, et que sa propre estime est
» la juste récompense d'un bienfait. Il a
» rompu toute relation avec moi, et ne
» m'a plus parlé que de la conduite de
» sa maison. Je ne peux revenir sur ce
» que j'ai dit; mais l'avis que je vous
» donne peut vous être très utile : pro-
» fitez-en. »

Revenons à Versac, que nous avons perdu de vue depuis quelque temps. Moufflard avait cru faire un coup de maître en lui rendant son sapajou, et Versac était révolté de l'idée de devoir quelque chose à un homme qu'il détestait. La réparation tardive que Moufflard lui avait faite à l'Opéra, n'avait pas effacé de son esprit la sortie virulente qui l'avait précédée. Et il faut, se disait-il, que je doive un service à ce misérable ! Il a prétendu me forcer à la reconnaissance ! Il paiera cher cet attentat; je n'attends que l'occasion ; elle se présentera sans doute.

Pendant que le comte roulait modestement dans son fiacre, le valet de chambre de Versac vint lui annoncer l'évasion de Julie. Oh! alors sa fureur n'eut plus de bornes. Il oublia Moufflard pour maudire une petite imbécile, qui n'avait pas assez d'élévation dans l'âme pour sortir de sa misère, et bénir la main respectable qui voulait l'en tirer. Son premier mouvement fut de chasser Mauret, et de faire enfermer sa mère et sa sœur. Il sentit aussitôt les difficultés qui s'opposaient à ce plan de vengeance. Chasser, sans motifs qu'on puisse avouer, un jeune homme, en faveur de qui on s'est permis, trois jours auparavant, de commettre une injustice criante! Exercer envers ces femmes une autorité arbitraire, qu'un

simple mémoire dévoilera, que l'autorité supérieure ne manquera pas de punir! « Heureux temps! s'écria-t-il avec
» douleur, où les ministres subjuguaient
» non-seulement les peuples, mais les
» rois! Heureux temps, qu'êtes-vous
» devenu? »

On annonça d'Alaire, et Versac reprit aussitôt un air ouvert, affable et riant. C'est un masque qu'il prend et quitte à volonté. « Ah! vous voilà, mon
» cher comte! — Votre cher comte a de
» l'humeur, beaucoup d'humeur. — Et
» contre qui? — Et parbleu, contre
» vous. — Cela vous arrive souvent. —
» Et vous n'en êtes pas plus sage. Qu'est-
» ce, s'il vous plait, qu'une petite Julie
» Mauret.... — Oh! j'y suis, j'y suis.
» Vous savez que je suis philantrope. —
» Il y a long-temps que vous le dites. —
» Je cherche le mérite dans l'obscurité.
» — C'est admirable. — La famille

» Mauret est honnête et même estima-
» ble. — Qui vous l'a dit ? — Mon valet
» de chambre. — La belle autorité ! —
» J'ai placé le fils dans mes bureaux. —
» A la bonne heure. — J'ai fait une
» pension à la mère. — Voilà de l'ar-
» gent bien placé ! — Je comptais même
» aller ce soir visiter ces bonnes gens. —
» Et vous n'irez pas. — Pourquoi ? —
» Parce que celle pour qui la philan-
» tropie faisait tant, a jugé à propos de
» s'éloigner de son domicile. — Vous
» savez cela, cher comte ? — Le cher
» comte sait tout, et voici ce que vous
» ne savez pas. La petite Mauret est
» chez moi, et il n'est pas de puissance
» qui parvienne à l'en arracher. — Elle
» est chez vous ! — Je ne la connais pas ;
» mais j'ai trouvé du plaisir à la rece-
» voir, à la protéger ; et je n'ai rien
» fait que pour moi, entendez-vous : je
» l'avoue, je le proclame, je ne suis pas

» philantrope, moi. — Elle est chez
» vous ! Je ne reviens pas de mon éton-
» nement. — Rien de plus simple cepen-
» dant, et de plus facile à expliquer.
» La petite Mauret est sage ; sa mère
» est une infâme, et vous un libertin.
» — Modérez vos expressions, je vous
» en prie, monsieur. — Soyez décent
» dans votre conduite, et les expressions
» seront ce qu'elles doivent être. — L'a-
» mour, M. le comte... — L'amour,
» l'amour ! Un amoureux de cinquante
» ans, qui ne peut se vaincre ! Un
» amoureux qui est loin d'être beau, et
» qui prétend, à quelque prix que ce
» soit, que la jeunesse et les grâces lui
» cèdent ! Un amoureux, qui se dégrade
» jusqu'à consentir à devoir son triomphe
» à l'or ! — M. le comte, la patience a
» ses bornes. — Et qui en a plus besoin
» que moi ? Croyez-vous qu'il ne me
» soit pas pénible d'avoir à rougir de

» vos égaremens? Mon devoir n'est-il
» pas de mettre votre cœur à nu, et de
» vous affrayer de l'aspect repoussant
» qu'il présente? Vous, chargé d'une
» grande administration, vous abusez
» de l'influence de votre place et de
» celle des richesses pour corrompre un
» enfant, dont la résistance est la satire
» sanglante de vos désordres. Vous met-
» tez votre réputation à la merci d'un
» valet que vous pouvez chasser, qui
» peut vous quitter demain, et vous
» perdre dans l'opinion publique, qui
» est la sauvegarde d'un homme d'état.
» Et je le souffrirais! Je m'entendrais dire
» que je suis l'ami d'un homme sans
» mœurs, d'un homme méchant! Je
» passerais pour un être sans discerne-
» ment! Non, M. le philantrope, je
» m'aime trop pour cela, et je vous em-
» pêcherai de vous déshonorer. — Vous
» aviez bien raison de me dire l'autre

» jour, qu'en amitié il y a toujours une
» dupe. Je vous déclare, monsieur, que
» je suis las d'être la vôtre. — Moi je le
» suis d'avoir toujours à gronder. —
» Hé bien, monsieur, vous pouvez vous
» en dispenser à l'avenir. — Vous vou-
» lez rompre, je vous prends au mot. La
» satisfaction de valoir mieux que vous
» est trop achetée par le spectacle con-
» tinuel de fautes plus ou moins avilis-
» santes. Vous ne me reverrez plus.
» Mais livré à vous-même, vous arri-
» verez à grands pas au précipice que
» creusent vos propres mains. Vous
» m'invoquerez alors, et je ne vous écou-
» terai pas. Adieu, monsieur. »

D'Alaire remonte dans son fiacre. Je fais un peu de bien, pensait-il, et je n'ai aucun mérite à cela : il faut que j'en fasse ; c'est en moi un penchant naturel, insurmontable. Mais une jouissance uniforme cesse bientôt d'en être une. Nous éprouvons tous le besoin de la variété, et celui de gronder Versac est, pour moi, d'une indispensable nécessité. Il a voulu rompre!.... oh! il me reviendra... oui, oui, il me reviendra.... et.... ma foi, je le recevrai. Je l'ai avoué publiquement pour mon ami, et sa chute me ferait tort dans le monde. D'ailleurs je lui suis sincèrement attaché.

En satisfaisant un de mes goûts dominans, je lui ai dit de fort bonnes choses. Massillon n'aurait pas mieux parlé. J'ai vraiment de l'esprit, et j'en suis bien aise : c'est un moyen de plus de jouir, et par conséquent d'être heureux.

D'Alaire rentre chez lui, et Mme. Bernard se présente. « Je ne vous ai pas fait » appeler, madame; que me voulez- » vous? — Je viens, M. le comte, pren- » dre vos ordres à l'égard de Melle. Ju- » lie. — Je vous les ai donnés. — Elle

» ne peut toujours rester chez moi, et
» vous n'avez probablement pas l'inten-
» tion de la renvoyer à sa mère. — J'en
» suis incapable. Mais pourquoi ne
» resterait-elle pas avec vous? — Sans
» titre, sans qualité dans votre maison?
» voulez-vous qu'on pense?... — Quoi!
» finissez. — Que vous avez des vues
» sur elle, et que j'ai la faiblesse de les
» seconder. — J'entends; vos représen-
» tations sont dictées par la crainte de
» vous compromettre. Toujours l'é-
» goïsme! Il faut donc, pour satisfaire le
» vôtre, que je renvoie cette enfant,
» que je la jette au milieu des dangers
» auxquels j'ai eu tant de plaisir à la
» soustraire? — Hé non, M. le comte,
» non. — Que faut-il donc? parlez.

» — Les ouvrières que j'ai en ville
» sont négligentes et souvent mala-
» droites. Le linge de M. le comte n'est
» pas en bon état. — J'entends encore :

» vous vous ennuyez d'être seule, et
» vous voulez avoir une compagne. At-
» tachez cette petite fille à ma lingerie,
» j'y consens. — Oh! M. le comte, que
» vous êtes généreux! que vous êtes bon!
» — Non, madame, je ne suis pas gé-
» nereux, je ne suis pas bon ; mais si je
» veux que Julie me doive sa vertu et
» son repos, il faut bien que je lui donne
» des moyens d'existence. Vous réglerez
» son traitement. Laissez-moi. »

CHAPITRE IV.

Encore de la philantropie.

Vous sentez bien que ce n'était pas l'amour qui avait dirigé Versac. Un homme riche et puissant voit, au spectacle, une jeune personne séduisante ; la place qu'elle y occupe, des vêtemens simples annoncent l'extrême médiocrité. Le sang s'allume, l'imagination se monte, et on ne doute pas de la facilité du succès. On a un valet de chambre propre à tout; on le charge de conduire l'intrigue. Les difficultés existent, on veut absolument les surmonter. On fait briller l'or, on double, on triple les offres. On a tout prévu, tout préparé ; on s'est assuré de tout, excepté de la jeune personne. Elle fuit ; l'argent donné est perdu. Le dépit, la colère remplacent les douces illusions. Les remontrances dures, mais sensées d'un ami, font naître l'humiliation, et la crainte de l'avenir. On ne s'occupe que de se garantir des suites de démarches coupables et inconsidérées.

Versac est retombé dans son fauteuil; sa tête est appuyée sur sa main; il rêve profondément. D'Alaire est un impertinent, pensait-il; mais il a raison, je me suis mis dans la dépendance de mon valet de chambre. Cet homme peut parler étant à mon service, et si je le congédie, je compromets nécessairement une réputation qui m'a coûté tant de soins et de temps. Tout se lie dans le monde; c'est par la conduite privée de l'homme en place qu'on juge de ce qu'il vaut comme homme d'état. Il faut absolument dérober au public la connaissance de ce qui s'est passé entre moi et la famille Mauret.... En dérober la connaissance! tout transpire, tout perce; on ajoute, on envenime; point de demi-mesures, elles sont toujours nuisibles. Je publierai ce que j'ai fait, je colorerai ma conduite du vernis de la philantropie. Prévenir la malignité, c'est la réduire au silence.

Un homme de mon rang ne peut agir par lui-même dans la circonstance dont il s'agit, et j'ai besoin d'un agent sûr, qui tienne à moi par l'impossibilité de trouver ailleurs ce qu'il perdrait ici; qui s'engage par des complaisances qu'on ne révèle jamais, et qui mettent dans l'impuissance de rétrograder; un de mes commis, par exemple... Hé, je ne les connais pas. Je pourrais m'adresser à quelqu'un de ces gens à principes, que tout effraie et révolte..... Ce coquin de Moufflard, qui, dans une demi-heure de temps, m'a mis en pièces et m'a réhabilité, est peut-être l'homme qu'il me faut. Je le hais; mais j'ai besoin de lui, et je le persuaderai aisément qu'il est au mieux avec moi. Je ne le crois pas fin.... C'est encore un bien; je le dirigerai; il agira sans savoir ce qu'il hasarde; j'en ferai mon séide.

Versac fait appeler Moufflard. Il prend avec lui cet air caressant, ce ton de bienveillance, à l'aide desquels les grands subjuguent si facilement leurs inférieurs. Il descend jusqu'à dire quelques mots sur les écorchures dont on voit encore les traces; Moufflard est dans l'ivresse. A propos du sapajou, on parle de la famille Mauret. Une particularité en amène une autre; Moufflard se croit convaincu que monseigneur ne fait que du bien; que le voile du mystère couvre ses actes de bienfaisance. Cependant son excellence laisse deviner qu'elle ne craint pas un peu de publicité; qu'elle est la récompense due à l'homme bienfaisant, un encouragement à mieux faire; et le mot *journal* s'est échappé.

Quel est le journaliste qui ne s'empresse de louer un grand, surtout quand il le croit digne d'éloges? Le lendemain on lisait partout : Monseigneur se délasse de ses importans travaux, en prêtant une main secourable à l'honnête indigence. Il a placé dans ses bureaux le fils de M. Mauret, capitaine de cavalerie, tué à la bataille de Wagram; il a fait, de ses propres fonds, une pension de quinze cents francs à la veuve pour lui aider à élever sa fille, jeune personne intéressante, et le paragraphe était orné de réflexions philantropiques, de développemens plus ou moins flatteurs.

Le surlendemain, on lisait dans les petites Affiches : Un homme de trente ans, un autre de quarante, un troisième de quarante-cinq, l'un ayant un peu de bien, l'autre étant sans fortune, et celui-là très actif, tous doués d'intelligence, et connus par leur moralité, offrent leur main à Melle. Mauret. On se fera connaître dès qu'elle aura donné son adresse.

D'Alaire lisait les journaux. Il était frappé, chaque jour, par quelques traits d'égoïsme; il en prenait note, et il avait déjà la matière de six volumes *in-quarto*, qu'il comptait bien faire paraître un jour. Il se mit en colère, en lisant les articles dont je viens de parler. Il s'écria que Versac joignait l'hypocrisie à la dépravation, et qu'il était trop heureux d'avoir rompu avec lui. Un moment après, il regrettait de ne pouvoir lui faire une nouvelle scène sur ces paragraphes mensongers, dont, indirectement au moins, il devait être l'auteur.

L'article des petites Affiches lui fit d'abord froncer le sourcil. « Voilà les » hommes, dit-il, et on prétend que je

» ne les connais pas ! » Tout à coup il part d'un éclat de rire, ce qui lui arrive très rarement. Il se met à son secrétaire, écrit quatre lignes, fait entrer un laquais et l'envoie porter aux petites Affiches ce qu'il vient d'écrire.

Il a placé, parmi les subalternes de sa maison, une grosse fille de dix-huit à vingt ans, mal bâtie, aux habitudes agrestes, à l'air hébêté. Il mande madame Bernard. « Vous avez à la cuisine une lai-
» deron.... — Belle, ou laide, monsieur
» le comte, vous m'avez ordonné de la
» prendre. — Je ne m'en repens pas,
» et ce n'est pas là ce dont il s'agit. Après
» demain, à midi, vous l'habillerez en
» bourgeoise qui a de l'aisance. — Mar-
» guerite ! — Oui, Marguerite, et vous
» l'enverrez ici. — Marguerite en de-
» moiselle ! y pensez-vous, monsieur le
» comte ? — Faites ce que je vous de-
» mande. — Il y aura de quoi mourir de

» rire. — Hé bien ! vous rirez tant que
» cela vous conviendra. Allez. »

Versac, satisfait des journalistes, et croyant avoir couvert la vérité d'un voile impénétrable, était monté en carrosse et allait, d'hôtel en hôtel, recevoir le tribut de louanges qu'il avait si bien méritées. Partout on le félicitait, on vantait sa philantropie. On applaudissait au choix du prince, justifié par des talens éminens et la pratique des vertus privées. Versac jouait l'embarras, la modestie. Ah! mon Dieu, disait-il, il y a peut-être des gens qui empoisonneront ce que je viens de faire : la petite Mauret est, dit-on, très jolie. Je vous jure cependant que je ne lui ai jamais parlé.

Il arrive chez une dame, célèbre par la beauté qu'elle n'a plus, par l'amabilité qu'elle a conservée, et surtout par l'influence qu'elle exerce sur tout ce qui prétend à l'esprit. Elle aime à persuader qu'elle est bien avec les grands, et quelquefois elle protège avec succès. Il était naturel que monseigneur fût accueilli dans cette maison de la manière la plus flatteuse, la plus distinguée. Aux éloges les plus délicats, succéda l'invitation de rester à dîner. On promettait à son excellence des convives plus aimables les uns que les autres, quelques jolies femmes, et la manière franche, avec laquelle Versac accepta, parut causer le plus sensible plaisir.

Mme. de Lessart avait, comme toutes les femmes, l'esprit du moment. Elles ne diffèrent entr'elles que par la manière, plus ou moins adroite de l'appliquer. M. Dutour avait été jeune, et Mme. de Lessart lui avait prouvé qu'il était très aimable. Il le parut beaucoup moins après quelques années, et cela est tout simple. Cependant on n'oublie jamais entièrement un homme pour qui on a

4*

eu des bontés, lorsque le nombre des heureux est borné, et Mme. de Lessart avait été plusieurs fois utile à Dutour. Il est à peu près reconnu que le moyen le plus sûr d'arriver rapidement à la fortune, est d'obtenir une *fourniture*. Celle de cent mille aunes de drap blanc allait être donnée. Déjà les concurrens avaient déposé leurs soumissions. Le bien de l'état exigeait que celui qui demanderait moins obtînt la préférence. Mais on connaît les effets d'une protection puissante, et il n'est pas auprès des grands, et même des petits, de recommandation plus sûre que celle d'une très jolie femme. Dutour avait spéculé, en épousant la sienne, non sur la dot effective, mais sur les fournitures qu'il lui *devrait*, et, sous ce rapport, elle lui avait apporté des biens considérables. Ils dînaient, ce jour-là, chez Mme. de Lessart, qui avait déjà essayé son crédit ; elle ambitionnait de nouveaux droits au titre de protectrice. Dutour, d'ailleurs, s'était toujours très bien conduit avec elle. En se donnant de la consistance dans le monde, elle s'acquittait avec un ancien ami. Ainsi, de la considération de plus, et de la reconnaissance de moins à jouer ou à sentir, ce qui fatigue toujours un peu, tels étaient les motifs qui avaient déterminé Mme. de Lessart à presser l'excellence d'accepter son dîner. D'Alaire, instruit des détails, n'aurait pas manqué de crier à l'égoïsme. Je laisse au lecteur à juger s'il aurait eu tort, ou raison.

On présenta à monseigneur tous ceux qui entraient avec la plus scrupuleuse exactitude. Il salua le plus grand nombre, avec une froideur qu'il croyait être de la dignité, et une parcimonie de paroles, que le vulgaire prend souvent pour de la profondeur, ou la préoccupation que doivent donner les grandes affaires. Il fit un certain accueil à deux ou trois poëtes, parce qu'il est beau d'encourager les arts, qu'il est flatteur de jouer le *Mécène*, et surtout de s'en voir donner le nom. Un poëte, accueilli par monseigneur, ne pouvait manquer de lui adresser une épître sur la philantropie, et c'est ce que voulait monseigneur. D'Alaire, d'Alaire, où étiez-vous?

On allait se mettre à table. Mme. de Lessart s'empara de Versac; elle fait briller les charmes de son esprit; elle subjugue, elle entraîne. Un sourire, qui n'a rien d'étudié, lui fait connaître que le moment est favorable, et elle ne le laisse pas échapper. Elle parle, à demi-voix, des cent mille aunes de drap, de Dutour, dont Versac a déjà oublié le nom, et de sa probité, dont on se soucie peu. Versac répond, très haut, qu'il sera enchanté de faire quelque chose qui soit agréable à Mme. de Lessart; il convient que l'amour des hommes est sa passion dominante ; la bienfaisance, son penchant le plus doux ; mais que la sévère équité est la règle de sa conduite ; que son attachement à ses devoirs fait disparaître toute considération personnelle, et que l'intérêt de l'état doit être la règle unique qui dirige un homme en place.

Mme. de Lessart est piquée ; mais elle applaudit à de si beaux sentimens. On lui annonce qu'elle est servie. Versac a le coup d'œil sûr. Il présente la main à Mme. Dutour ; il promène, à la ronde, un regard bienveillant ; il s'assied avec une noble aisance ; place la jolie femme près de lui, et laisse à Mme. de Lessart la liberté d'arranger les autres, selon les goûts et les convenances.

Un homme, placé à côté d'une femme qu'il ne connaît pas, qui n'est ni jeune ni vieille, ni laide ni jolie, ne sait que lui dire, et dîne : c'est en effet ce qu'il y a de mieux à faire quand on est à table. L'imagination de Versac ne pouvait être stérile auprès de Mme. Dutour. Il fut aimable; il crut l'être, au moins, parce que les plus jolis yeux du monde souriaient au moindre mot qui lui échappait. La conversation prit bientôt une tournure semi-sentimentale, et les plus jolis yeux du monde s'animaient et paraissaient tendres tour à tour. On ne se dit rien de positif; mais on sentit qu'on était d'accord. Ce que c'est que l'usage du grand monde !

Un de messieurs les poëtes avait préparé le matin un *impromptu* pour Mme. de Lessart. Tout homme, quel qu'il soit, paye son dîner. Celui qui n'est bon à rien, n'est invité que parce qu'il est riche. Il rend le dîner reçu ; il le paye plus cher qu'un autre, et cela est juste.

Le poëte n'avait à substituer, dans ses

vers, que le nom de Versac à celui de Lessart. Même mesure, même redondance; j'allais dire, presque même rime.

Au dessert, la maîtresse de l'hôtel adresse une invocation aux muses. Deux chansonniers payent leur tribut. L'homme à l'impromptu assure qu'il n'a rien de prêt; on le prie, on le presse; il lève les yeux au plafond, il réfléchit; on attend un de ces jolis *riens* qui coûtent peu à l'homme qui a l'habitude d'écrire. Dix, quinze, vingt, trente vers s'échappent, et sont savourés par Versac. On applaudit; on proteste que personne n'improvise avec cette facilité et cette grâce. Il est constant que c'est bien un impromptu qu'on vient d'entendre : l'auteur ne savait certainement pas qu'il aurait l'honneur de dîner avec son excellence.

On passe au salon. Versac serre, d'une manière expressive, la main du poëte; il le proclame homme de génie; il le prie de lui envoyer ses vers. Tout le monde est content.

Dutour a de l'expérience. Il ne doute pas que la fourniture des cent mille aunes de drap ne soit à lui, et en homme qui sait vivre, il se retire sans bruit.

Il faut faire quelque chose pour arriver à minuit. On joue; on gagne de l'or, dont on peut se passer; on perd celui dont on avait besoin. Les têtes se montent; joueurs et parieurs sont tout à ce qu'ils font.

Versac et Mme. Dutour ne jouaient pas. La petite femme, rassurée, en apparence, par l'absence de son mari, se livre davantage. Une proposition positive lui fait baisser les yeux; et, dans certains cas, baisser les yeux c'est répondre. La réplique de monseigneur est attendue avec impatience; la promesse de la fourniture est faite; on est, de part et d'autre, au comble de ses vœux ; on se lève, on disparaît, la voiture vole.

Le lendemain matin, Mme. de Lessart reçoit un billet de son excellence. Il s'est fait présenter les soumissions des divers fournisseurs. M. Dutour est celui qui offre de livrer au prix le plus modéré. Il a joint à sa soumission des échantillons d'une qualité satisfaisante. Le préférer à ses concurrens, c'est faire à la fois un acte de justice et d'une philantropie éclairée.

Mme. de Lessart, plus franche que Versac, publiait avec orgueil les services qu'elle rendait. Elle courut dans vingt maisons faire lire son billet ; elle s'arrêta long-temps chez Dutour ; elle croyait lui apprendre quelque chose de nouveau. Pauvre femme ! elle lui adressa les plus belles choses du monde sur la probité et même sur la délicatesse ; elle lui fit sentir l'obligation où il était de justifier les bontés qu'elle avait pour lui, en tenant rigoureusement les conditions auxquelles il s'était soumis. Dutour protestait de son désintéressement ; il avait été guidé, plutôt par le désir d'être utile, que par l'appât du gain. Sa petite femme riait, et de l'air important de Mme. de Lessart, et des contes que lui faisait son mari. Elle avait aussi son genre d'orgueil, et en se regardant avec complaisance dans une glace, elle se disait : Une figure comme celle-là n'a pas besoin de protection ; il suffit de se montrer.

Versac disait de son côté : Dutour est un fripon ; il est impossible qu'il fournisse d'après ses échantillons ; mais sa femme est si jolie ! et puis cent mille écus de plus au *budget* couvriront cela.

CHAPITRE V.

Je crois qu'il sera varié.

Il était midi. Mme. Bernard se présenta, poussant devant elle Marguerite, et riant aux éclats. Marguerite ne ressemblait pas mal à un fagot habillé, et d'Alaire eut de la peine à conserver son air sérieux. Mais quand il se crut maître de lui, il tança vivement sa femme de charge.

« Croyez-vous, madame, que mes gens
» doivent être l'objet de vos railleries?
» Que trouvez-vous de si plaisant dans
» cette fille? Elle est gênée dans des habits
» qu'elle n'a pas l'habitude de porter; cela
» est tout simple, et vous le savez comme
» moi. Que signifient ces ris immodérés?
» Ils sont l'expression de l'orgueil; ils
» tendent à faire sentir à Marguerite l'ab-

» jection de la place qu'elle occupe, et
» votre supériorité. Vous en accablez,
» sans ménagement, une pauvre ser-
» vante. Que vous importe son humilia-
». tion, pourvu que vous jouissiez? Vous
» êtes une égoïste.

» — Mais, M. le comte, vous m'avez
» permis avant-hier de rire autant que
» je le voudrais. — Oui, madame, mais
» entre nous ; et certes je n'ai pas en-
» tendu vous autoriser à offenser per-
» sonne. Ma bonne Marguerite, mets-
» toi dans ce fauteuil. — Moi, M. le
» comte! — Pourquoi hésites-tu, puisque
» je t'y invite et que je le veux? Je ne
» ressemble pas à Mme. Bernard, et je te
» retrouve sous des habits qui te vont
» assez mal, il faut que j'en convienne.
» Tu as un très mince emploi, tu le rem-
» plis bien ; tu vaux qui que ce soit ici.
» Assieds-toi, te dis-je, et sois parfaite-
» ment à ton aise. »

Mme. Bernard, piquée au vif, sortit du plan qu'elle avait suivi jusqu'alors. Si » j'osais parler, dit-elle à d'Alaire. — » Parlez, madame, parlez. — Ma fran- » chise, peut-être.... — Ne me déplaira » pas. — Eh bien ! M. le comte, je viens » d'avoir un tort assez grave, je l'avoue. » Je vous ai indisposé, et vous trouvez » quelque satisfaction à venger Margue- » rite d'une offense qui n'était pas ré- » fléchie. Vous vous élevez à vos propres » yeux, en protégeant le faible contre le » fort. Vous êtes très content de vous en » ce moment. — C'est cela, madame, » c'est cela. Vous commencez à connaître » le cœur humain. Si vous aviez toujours » vu et pensé ainsi, je ne vous aurais » pas donné d'emploi dans ma maison ; » je vous aurais approchée de moi ; » nous aurions raisonné philosophie en- » semble. Votre tournure d'esprit me » plaisait ; vos grands mots, substitués à

» des choses évidentes, m'ont inspiré de
» l'éloignement.—Je vous entends, M. le
» comte : vous avez des momens d'un
» vide difficile à supporter. — Cela est
» vrai. — Vous éprouvez souvent le be-
» soin d'avoir quelqu'un qui ne vous
» impose aucune contrainte, et qui ce-
» pendant puisse vous entendre et vous
» répondre.—Je l'avoue, madame, j'en
» conviens. Vous conviendrez aussi que
» vous brûlez d'être la préférée.—Mais,
» M. le comte, je m'occupe un peu de
» moi. — Oh! un peu! beaucoup. —
» Beaucoup, soit. — A la bonne heure.
» J'aime qu'on s'exprime ainsi. Vous dé-
» sirez être mieux, et cela doit être : je
» recherche les jouissances qui ne lais-
» sent après elles ni craintes ni re-
» grets, et dans ce moment chacun de
» nous ne s'occupe que de lui.

» Madame, vous choisirez, parmi mes
» domestiques, un homme digne de quel-

» que confiance; vous le chargerez des
» détails, et vous vous bornerez à le sur-
» veiller. Vous ferez les honneurs de ma
» maison et de ma table, et nous comp-
» terons tous les mois. A commencer d'au-
» jourd'hui, vous ferez mettre deux cou-
» verts. — De tels arragemens, M. le
» comte, me plaisent beaucoup. — Je
» le crois. — Et je ferai des efforts sou-
» tenus pour justifier vos bontés. — Pour
» conserver le bien-être que je vous as-
» sure. — Je le pensais, M. le comte. —
» Pourquoi ne pas le dire? Je n'exige de
» vous que de la franchise ; mais je la
» veux entière et sans réserve. — Nous
» voilà parfaitement d'accord. Mais Ju-
» lie..... — Qu'en ferons-nous? — On ne
» peut la laisser à elle-même.... — Au
» milieu de domestiques sans délicatesse,
» peut-être sans honnêteté. — En suppo-
» sant que vous voulussiez en faire votre
» femme de charge, son extrême jeu-

» nesse ne commanderait ni le respect,
» ni la confiance. — Ma chère madame
» Bernard, voilà qui est embarrassant...
» Hé! que diable, madame, vous n'a-
» vez d'abord pensé qu'à vous, et vous
» voyez..... — M. le comte n'a pas été
» plus prévoyant. — Vous avez raison.
» Ne pourrait-on pas trouver une pen-
» sion chez d'honnêtes gens?..... Non,
» non, cette mère est une vile intri-
» gante, et il faut à Julie un asile, où
» le vice et l'or ne puissent pénétrer,
» une protection élevée, contre laquelle
» on n'ose rien entreprendre. — Sous ces
» rapports, elle ne peut être ailleurs
» aussi en sûreté qu'ici. — Sans doute;
» mais, comme vous l'avez dit vous-
» même, à quel titre l'y garder? »

On annonce à d'Alaire une dame qui désire le voir et qui ne se nomme pas. Il ordonne qu'on la fasse entrer. La dame se présente.

« Les petites Affiches m'ont appris, dit-
» elle, qu'un homme qui jouit de la
» meilleure réputation, méconnaît les
» lois naturelles et civiles au point de fa-
» voriser l'évasion d'une jeune personne,
» et de la soustraire à l'autorité mater-
» nelle. — Ah! vous êtes Mme. Mauret.
» — Et je viens, M. le comte, reven-
» diquer mes droits. — Vos droits! ils
» sont perdus par l'abus que vous en avez
» fait. — Monsieur prétendrait-il retenir
» ma fille chez lui? — La retenir! elle est
» venue se jeter dans mes bras, et je
» l'ai accueillie, persuadé qu'elle ne peut
» être nulle part aussi mal que chez vous.
» — Ainsi, monsieur, vous avouez le rapt,
» et vous y persistez. — Malheureuse!
» il vous sied bien de tenir ce langage,
» vous, qui, sans pudeur, avez vendu
» cette enfant, et qui jouissez sans re-
» mords du prix que vous avez mis à
» sa vertu! — Vous m'insultez, monsieur;

» vous oubliez que vous êtes chez vous.
» —Je vous dis la vérité ; je la dis à tout
» le monde, parce que cela me convient.
» — Il est inutile de prolonger une dis-
» cussion qui deviendrait orageuse. Je
» me retire, en déclarant à monsieur que
» je vais le traduire devant les tribunaux.
» —J'y paraîtrai, madame, et j'y mettrai
» votre infamie au grand jour.—Vous
» n'y paraîtrez pas, monsieur. — Et la
» raison, s'il vous plait?—Je jette le
» masque et je vais m'expliquer franche-
» ment. — Vous êtes l'ami de M. de
» Versac. — Je ne le suis plus. — Vous
» l'avez été ; il interviendrait nécessai-
» rement au procès, et vous ne voulez
» pas le dégrader dans l'opinion publique.
» —Il est trop vrai! je serais malheu-
» reux du mal que je ferais à cet homme-
» là. Finissons. Vous voulez me forcer à
» transiger : combien vous faut-il pour
» signer une renonciation en bonne forme

» à tous vos droits sur Julie? —Trente
» mille francs. — Trente mille francs!
» —La somme aujourd'hui, ou l'assi-
» gnation demain.—Voilà bien de l'é-
» goïsme! Celui-ci est affreux, épouvan-
» table! le mien, du moins, est utile
» quelquefois. »

Le comte se met à son secrétaire, ru-
gissant de fureur. Marguerite est stupé-
faite. Mme. Bernard regarde Mme. Mauret d'un air indigné et menaçant. Cette
femme seule est calme. Le domestique,
qui l'a introduite rentre, et paraît attendre des ordres. D'Alaire lui demande ce
qu'il veut. « Faut-il chasser cette femme
» par la porte ou par la fenêtre? — De
» quel droit vous établissez-vous répara-
» teur des torts qu'on a envers moi? Vous
» croyez gagner beaucoup en me persua-
» dant de votre attachement, de votre
» zèle! mais comment avez-vous l'audace
» d'écouter de l'antichambre?—Quand

» on parle très haut, M. le comte, j'en-
» tends, sans avoir écouté. — En voilà
» assez. Portez cette lettre à mon no-
» taire. Madame, demain vous irez si-
» gner, et vous prendrez, en échange de
» votre signature, l'argent que vous me
» volez. Sortez, et que je ne vous revoie
» jamais.

» Hé bien, ma chère Mme. Bernard,
» sommes-nous des gens à systèmes?
» Votre opinion sur le cœur humain ne
» se vérifie-t-elle pas à chaque instant?
» Trente mille francs! c'est un peu cher.
» Il faudra les regagner par des écono-
» mies. Nous passerons l'été dans ma
» terre de Basse-Bretagne. — Vous allez
» vous imposer des privations. — Sans
» doute. — Mais elles seront compensées
» par l'idée toujours renaissante de ce
» que vous doit Julie. — C'est cela, c'est
» cela. Mais que ferons-nous de cette en-
» fant? — Elle n'a plus de parens; vous

» seul lui restez au monde. Ne peut-elle
» être chez vous comme une pupille
» dans la maison de son tuteur? — Mais
» ce tuteur n'a que cinquante ans; Julie
» est charmante; André a tout entendu;
» mon notaire va savoir que je tire cette
» jeune personne des mains de sa mère,
» tranchons le mot, que je l'ai achetée.
» Delà les interprétations, les conjec-
» tures, les propos. — Hé! M. le comte,
» tenez-vous plus à votre réputation qu'à
» la sûreté de Julie? Ce serait porter l'é-
» goïsme trop loin. — Je tiens beaucoup,
» sans doute, à ma réputation; mais
» celle de Julie n'y est-elle pas désormais
» attachée, et n'est-elle pas détruite si
» je suis soupçonné? La réputation de
» cette enfant est le seul bien qu'elle pos-
» sède; je dois le lui conserver. — Par-
» tout où vous la mettrez, ne vous serait-
» il pas facile de lui faire des visites clan-
» destines? Manquera-t-on de le supposer?

» — Bah ! quand je serai à cent lieues
» d'elle.... — Ne sait-on pas avec quelle
» rapidité l'opulence franchit les distan-
» ces ? La calomnie est active et ne verra
» dans votre éloignement de la capitale
» qu'un moyen de plus de cacher vos dé-
» marches. — Allons, allons, vous n'ai-
» mez pas la campagne. — Que je l'aime
» ou non, je suis persuadée que, pour
» persévérer à lever tant d'obstacles, il
» faut que vous ayez un grand plaisir à
» faire ce que le vulgaire appelle du bien.
» — En voilà assez, madame ; en voilà
» assez. Chassons ces tristes idées : la mé-
» lancolie ne me vaut rien. Faites servir
» aujourd'hui Julie dans votre apparte-
» ment, et demain nous verrons. »

Un bruit sourd paraît venir de l'antichambre. D'Alaire, Mme. Bernard et
Marguerite prêtent l'oreille. « Ma note
» était déposée aux petites Affiches avant
» les vôtres : j'entrerai le premier. —

» J'ai payé le double du prix ordinaire
» pour que mon article parût le lende-
» main : je passerai avant vous. — Je
» suis cousin d'un des compositeurs, et
» je suis annoncé en tête de la colonne des
» demandes : bien certainement, vous
» ne vous présenterez qu'après moi. Voilà
» mes originaux, dit le comte. » Il ouvre
les deux battans, et pour terminer la con-
testation, il invite les trois messieurs à
entrer de front.

L'aigreur, qui commençait à naître, se
calme aussitôt. A l'aspect de M. le comte,
ces messieurs deviennent très polis ;
leur ton est plein d'aménité ; leur regard
sollicite la bienveillance. Marguerite se
lève, fait une révérence gauche et re-
tombe sur son fauteuil. Mme. Bernard n'a
pas exigé d'elle autre chose : c'est là tout
ce qu'elle pouvait apprendre. D'Alaire
est obligé de faire des efforts pour conserver la dignité du rôle qu'il va jouer.

Mme. Bernard cherche et trouve une phrase qui la met à son aise, et elle rit de tout son cœur.

Nos trois messieurs s'arquent le dos en allongeant le cou vers Marguerite. Ils se tournent ensuite du côté du comte, et l'un d'eux, qui croit apparemment avoir plus d'esprit que les autres, prend la parole et demande avec des inflexions mielleuses, si mademoiselle est la jeune personne qu'il désire si vivement de saluer. Le comte répond affirmativement. Une tête se baisse, pendant qu'une autre se relève, pour se baisser de nouveau. Les révérences se succèdent sans interruption. Marguerite, qui n'est pas accoutumée à ces marques de respect, ne sait que penser de ce qu'elle voit. « Hé bien ! » messieurs, dit le comte, comment la » trouvez-vous? —Charmante, adorable. » — En vérité? — D'honneur.

» — Ah ça! vous ne pouvez l'épouse

»͏tous les trois. — Le hasard nous a
» rendus rivaux, M. le comte; que le
» hasard décide et fasse un heureux. —
» Et si aucun de vous ne convient à ma-
» demoiselle ? — Certainement il ne me
» convenont pas. J'aime Jérôme, moi.»
Jérôme est le commissionnaire de l'hôtel.
Ce langage agreste paraît déplacé dans la
bouche d'une demoiselle, fille d'un capitaine de cavalerie. Nos épouseurs se-
couent les oreilles. Cependant l'orateur
ne se démonte pas : il sait que la prudence veut qu'on ne précipite jamais son
jugement. Il reprend la parole. « Nous
» avons un rival aimé, M. le comte! Ah!
» quel malheur pour nous ! Pourquoi,
» mademoiselle, avoir donné votre
» adresse, puisque votre cœur est pré-
» venu en faveur d'un autre? Cela est
» fâcheux, cruel, désespérant ! — Hé
» non, messieurs ! hé non ! vous ne vous
» désespérerez pas ; vous ferez mieux :

» vous serez aimables, empressés ; vous
» tâcherez de supplanter M. Jérôme, qui,
» entre nous, n'est pas un homme d'un
» mérite extraordinaire. — Qu'est-ce
» qu'ous dites donc, M. le comte ? Ous sa-
» vez ben qu'mon Jérôme porte trois cents
» sur ses crochets, comme j'porte une
» plume.—Des crochets?—Qu'entends-
» je ! — Qu'est-ce que cela veut dire ? »

D'Alaire avait, plusieurs fois, fait signe à Marguerite de se taire. Mais on lui parlait mariage avec un autre que Jérôme ; on avait attaqué la réputation colossale du commissionnaire. Quelle fille peut se posséder en pareille circonstance ? Celle-ci s'était levée et marchait à pas allongés dans le salon. Elle se tordait les bras, se meurtrissait les mains à force de se les serrer, et elle répétait sans cesse :
« Oui, M. le comte, oui, trois cents sur
» ses crochets. »

Nos épouseurs ne savaient plus où ils

en étaient, ni quelle contenance ils devaient prendre. L'orateur jugea convenable de faire sentir au moins qu'il n'était pas dupe de ce qui se passait. « Ceci,
» M. le comte, ressemble beaucoup à
» une mystification, et sans la haute idée
» que j'ai de votre caractère.... — Oui,
» messieurs, oui, c'est une mystification.
» Celle-ci, du moins, est assez innocente;
» mais vous en aviez préparé une à made-
» moiselle Mauret, qui pouvait avoir les
» plus sérieuses conséquences, et je ne
» fais que suivre le mauvais exemple que
» vous m'avez donné. — M. le comte, je
» n'entends pas trop.... — Ah ! vous
» n'entendez pas. Je vais m'expliquer.
» Vous apprenez, par la voie des jour-
» naux, que M. de Versac protège for-
» tement une famille, dont une demoi-
» selle, jeune et intéressante, fait partie.
» Vous êtes sûrs qu'une place avanta-
» geuse sera la dot qu'elle apportera à son

» mari, et cette persuasion devient la
» règle de votre conduite. Vous entrez
» chez moi; je vous présente à ma fille
» de cuisine; la protection de monsei-
» gneur embellit une figure repoussante,
» et Marguerite vous paraît charmante,
» adorable. Vous êtes désespérés de ce
» que son cœur n'est pas libre, parce
» que la place convoitée vous échappe.
» Pour de l'argent, vous épouseriez une
» guenon, et vous avez cela de com-
» mun avec bien d'autres. Regardez
» celle-ci, regardez-la, vous dis-je.
» L'emploi obtenu, cette malheureuse
» serait trahie, maltraitée, délaissée.
» Vous êtes des égoïstes.

» Oui, messieurs, Melle. Mauret est
» ici. Elle est jolie, très jolie, et vous ne
» la verrez pas : vous n'êtes pas dignes
» de l'approcher. Le souffle impur du vil
» intérêt ne corrompra pas l'air qu'elle
» respire.

» Je viens de vous donner une leçon,
» qui peut vous être utile. Tâchez d'en
» profiter. Adieu, messieurs. Laissez-
» moi. »

» Mme Bernard, ils se retirent, hon-
» teux, confus, sans articuler un mot.
» Je suis bien aise d'être comte : à la fa-
» veur d'un titre, assez insignifiant, je
» me permets de dire des vérités, dont
» peut-être on ne profitera pas. Ces
» gens-là auraient envoyé, par-delà les
» monts, celui qu'ils considèrent comme
» leur égal. Ils se taisent devant moi, et
» ils n'en savent pas trop la raison, ni
» moi non plus. — Oh! M. le comte, les
» préjugés, l'habitude, l'exemple... —
» Vous avez raison. Où un mouton passe,
» les autres passeront, et, vanité à part,
» nous ne ressemblons pas à la gente
» moutonnière. »

Marguerite ne pouvait apprécier la
juste valeur d'un mot. Mais elle avait

fort bien compris qu'on parlait de sa figure d'une manière très désavantageuse. L'éducation est à une femme ce que la culture est à une plante : elle la perfectionne, sans en changer la nature, et Marguerite, sans se rendre compte de rien, avait tout l'amour-propre de son sexe. Elle n'avait osé répondre à d'Alaire. Un dépit violent, fortement concentré, perce enfin, de quelque manière que ce soit. Marguerite sanglotait dans un coin.

« Tu pleures, ma bonne Marguerite !
» j'ai des torts envers toi. En voulant
» prouver à ces gens-là qu'ils ne sont que
» de misérables égoïstes, je l'ai été moi-
» même. Je t'ai sacrifiée à la jouissance
» du moment. Je réparerai ma faute. Tu
» dis que Jérôme t'aime ? — Oui, M. le
» comte. — Tu en est sûre ? — Oui, M. le
» comte. — Hé bien, tu l'épouseras. —
» Ah, M. le comte ! — S'il devient infi-

» dèle, ce ne sera pas la faute de ta figure,
» car tu n'as rien à perdre, et si tu chan-
» ges en vieillissant, ce ne peut être en
» mal.... Encore de l'égoïsme!.... La
» maudite vanité de prouver à cette fille
» que je ne me suis pas trompé dans le
» jugement que j'ai porté d'elle tout
» à l'heure.... Oh! les hommes! les
» hommes.... Mme. Bernard, je veux
» que ce mariage se fasse sans délai. Vous
» donnerez deux cents francs à Margue-
» rite, et autant à Jérôme, pour acheter
» des habits de noces. Ils vivront à l'hô-
» tel, et s'il vient des enfans, il s'élève-
» ront ici. Va, Marguerite, va re-
» prendre tes habits, que je me reproche
» de t'avoir fait quitter. » Il lui donne
une petite tape sur chaque joue; il lui
sourit avec bonté, et Marguerite sort,
en riant d'un œil, en pleurant de l'autre,
et elle court chercher Jérôme de tous les
côtés.

« Je me suis mal conduit, Mme. Ber-
» nard. — J'en conviens, M. le comte.
» Mais vous savez si bien sécher les larmes
» que vous faites couler ! — Parbleu,
» c'est bien la moindre chose !.... Ah!
» il me vient une idée! nous étions, tout
» à l'heure, irrésolus, embarrassés sur le
» parti que nous prendrons à l'égard de
» Julie. J'ai prononcé que je déciderai
» demain. Vaniteux! aurai-je demain
» plus de lumières qu'aujourd'hui ? Si
» nous consultions cette jeune personne,
» elle nous donnerait peut-être quelque
» notion ; elle indiquerait du moins ce
» qui peut lui être agréable. Passons à
» la lingerie. »

Mme. Bernard suit M. le comte. Ils arrivent, ils entrent. « Julien, que faites-
» vous ici ? — M. le comte.... M. le
» comte... — M. le comte vous demande
» ce que vous faites là. — Je causais avec
» mademoiselle. — Insolent ! vous cau-

» sez avec elle ! vous causez d'aussi près !
» Julie, je suis mécontent de vous. Cet
» homme prend des libertés qui ne lui
» conviennent pas, et vous le souffrez !
» — M. le comte, je ne suis rien chez
» vous; je ne peux rien empêcher.—Est-
» ce la première fois que cet homme entre
» ici ? — C'est la seconde, M. le comte.
» —Et vous ignorez cela, Mme. Bernard!
» — M. le comte ne m'a pas chargée
» de veiller sur mademoiselle.—Veillez-
» y, madame; veillez-y. C'est un dépôt sa-
» cré que je vous confie, et dont vous me
» répondrez. Défendez à mes gens de ja-
» mais paraître ici, à peine d'être aussitôt
» congédiés. Julien, cette défense vous
» regarde particulièrement. Sortez.

» Vous n'êtes rien chez moi, mademoi-
» selle ! Vous ne pouvez rien empêcher !
» Vous m'accusez d'imprévoyance, et
» je mérite le reproche. — Je vous ac-
» cuse, M. le comte, vous, que je ne

» connais encore que par vos bienfaits !
» — Des bienfaits, des bienfaits ! Tou-
» jours de grands mots ! Je ne suis pas
» bienfaisant, mademoiselle; je ne fais
» rien que pour moi, je vous l'ai déjà dit...
» Vous n'êtes rien chez moi ! Vous y se-
» rez quelque chose; je vous y mettrai
» dans une position qui commandera le
» respect. J'aime mieux qu'on me soup-
» çonne d'être sensible, que d'entendre
» dire que je ne vous ai recueillie que par
» ostentation, et que je vous laisse con-
» fondue avec mes gens, exposée à tous
» les écueils de votre âge. J'aurai pour
» moi le plaisir d'avoir fait le bien et je
» m'élèverai au-dessus de la calomnie.
» Mme. Bernard, vous ferez mettre trois
» couverts. Vous logerez mademoiselle
» dans le petit appartement de l'entresol;
» vous ferez condamner la porte qui
» donne sur le grand escalier. Mademoi-
» selle passera chez vous pour arriver

» chez elle. Je n'y pourrai entrer, sans
» que vous le sachiez, ou plutôt, je n'y
» entrerai jamais. — Mon bienfaiteur,
» mon père!.... vous unissez la délica-
» tesse aux plus généreux procédés. —
» Ta, ta, ta!... En voilà assez, made-
» moiselle. Mme Bernard, passons chez
» vous, et terminons ces petits arrange-
» mens.

» Conçoit-on ces trois impertinens?
» Avoir l'audace de prétendre à la main
» de Julie. D'une fille.... Ne trouvez-
» vous pas que je prends le seul parti
» qui puisse la soustraire aux importu-
» nités, aux poursuites de gens trop au-
» dessous d'elle? — D'après cet aperçu,
» M. le comte, vous ne pouvez, je le
» répète, la mettre ailleurs que chez
» vous. — Je le sens. — La conduire à la
» campagne, serait plus dangereux que
» la garder ici. — Je le crois. On suppose-
» rait que je ne m'éloigne de Paris, qu'a-

» fin de vivre exclusivement pour elle,
» On dirait, on répéterait partout que je
» viole toutes les bienséances. — Que vous
» êtes jaloux de cet enfant. — Oui, oui,
» on dirait tout cela, ma chère Mme. Ber-
» nard. Nous resterons ici. — Où on
» pourra tout voir, tout apprécier. —
» Sans doute : ma conduite sera sans
» cesse à découvert.

» Mais comment retrouver ici les trente
» mille francs que je dois donner demain?
» — Oh, cela n'est pas très difficile. Les
» chaleurs approchent; les spectacles vont
» être désagréables, et vous avez une
» loge aux trois grands théâtres. — Vous
» avez raison. Je remettrai mes loges. —
» Vous devez, à beaucoup d'exercice,
» une santé robuste, et certain air de
» fraîcheur. — Mon cocher, d'ailleurs,
» est un ivrogne... Vous lui direz de ven-
» dre les chevaux et de rester ici jusqu'à
» ce qu'il trouve une bonne place. —

» Vous donnez, toutes les semaines, un
» très grand dîner, où vous ne vous
» amusez pas du tout. — Je ne les donne
» que pour sacrifier à l'usage. Suppri-
» mons-les. Nous dînerons tous les trois,
» sans façons, sans contrainte. Une gaieté
» décente fera le charme de nos repas.
» — Ces suppressions sont plus que suffi-
» santes pour vous faire retrouver vos
» trente mille francs en peu de mois. Vous
» remonterez ensuite votre maison.... —
» Ou je ne la remonterai pas : nous ver-
» rons.... Ces retranchemens-là feront
» parler; ils feront parler, ma chère
» Mme. Bernard. — Hé! que vous im-
» porte, M. le comte? N'êtes-vous plus
» cet égoïste qui voit le genre humain
» comme s'il n'était pas; qui ne veut que
» sa propre estime, et qui est parfaite-
» ment heureux, lorsqu'il est content de
» lui? — Je le suis, je le suis sans doute.
» Je suis incapable de changer d'opinion.

» — Tout est donc arrêté comme vous
» venez de le dire? — Soit, Mme. Ber-
» nard. Mais dans les réflexions que
» vous venez de faire, dans les conseils
» que vous m'avez donnés, n'avez-vous
» pas été poussée par quelques motifs
» particuliers? — Cela est inévitable,
» M. le comte. La satisfaction d'exercer
» un certain ascendant sur un homme de
» mérite, de m'élever à mes propres
» yeux par le bien que je le porte à faire...
» — Ce n'est pas cela, ce n'est pas cela.
» En me déterminant à rompre avec le
» monde.... — Je vous deviens néces-
» saire; mon importance s'accroît cha-
» que jour; je suis enfin votre premier
» ministre. — Je vous sais très bon gré de
» cet aveu. Il est pour moi une nouvelle
» preuve de votre franchise; mais vous
» n'auriez rien gagné à vous taire : je
» vous avais pénétrée. »

CHAPITRE VI.

La Brochure.

Tout a son terme dans ce monde. Ce principe s'applique également à l'homme puissant et à l'homme obscur, au riche et au pauvre : il semble que la fortune se plaise à punir ses favoris des bienfaits qu'elle a répandus sur eux au hasard, et à dédommager le malheureux qu'elle accable, par le spectacle de grandes catastrophes. Laissons, pour un moment, ces idées, très philosophiques, sans doute; n'anticipons pas sur les événemens; avançons sans rien précipiter, sans rien brusquer.

Il est à Paris une foule de gens qui n'ont rien à faire ; qui ne sont pas assez riches pour s'étourdir sur leur existence par des plaisirs bruyans; qui ont assez d'aisance pour ne pas s'inquiéter du lendemain, et qui n'ont à s'occuper, en se levant, que de la manière dont ils useront la journée. Plusieurs de ces messieurs sont curieux, par caractère, ou par malignité; actifs par le besoin de se satisfaire. Ils sont partout, où la simplicité de leur costume leur permet de s'introduire; ils écoutent tout, recueillent tout, méditent sur tout, et se plaisent à raconter, parce qu'ils se croient quelque chose, quand ils obtiennent les applaudissemens, et même un sourire du petit cercle qui se forme autour d'eux au Luxembourg, ou sous une allée des Tuileries.

Un de ces nouvellistes connaissait certaines particularités de la vie publique, et même de la vie privée de Versac. Quel plaisir de se dédommager de son infériorité, en écrasant un grand personnage! C'est comme si on se disait : les grâces sont répandues sans choix et sans discernement. Si elles tombaient sur moi, on n'aurait pas à me reprocher les fautes graves dont j'entretiens mon auditoire. Je vaux donc réellement mieux que monsieur celui-ci, que monseigneur celui-là. On se dit cela bien bas ; mais enfin on se le dit.

Un des auditeurs a remporté, au collége, un prix d'amplification français. Il n'a plus douté de sa vocation, et il a consacré sa vie aux muses. Voulez-vous connaître la mesure de son talent? regardez sa perruque, que le temps a jaunie ; son habit, qui s'éclaircit au coude ; sa chemise, qui était blanche le dimanche précédent.

Ce nourrisson du Pinde n'admet aucune de ces considérations, ne connaît ni ces ménagemens, ni ces bienséances qui, au défaut de vertus, étayent encore l'ordre social. C'est au génie qu'il appartient de faire justice des abus d'autorité, de la bassesse des grands. Voilà ce qu'on dit très haut ; voici ce qu'on pense en secret : j'ai le sujet d'une brochure bien maligne, bien méchante, et qui par concéquent piquera la curiosité publique. Je la vendrai ce que je voudrai; j'en vendrai par milliers, et je vivrai un an du produit de mon talent. Je mettrai de la circonspection, de la prudence dans la distribution de mon ouvrage ; mais que risqué-je, après tout, si je suis connu ? un procès en calomnie ? Je défie qu'on me fasse payer les frais. On m'emprisonnera ? il faudra qu'on me nourrisse. J'ai toujours avec moi mon écritoire de poche, et qu'importe que j'écrive dans un coin ou dans un autre ?

Notre homme se retire dans son galetas, et en vingt-quatre heures sa brochure est terminée. Elle n'offre ni esprit

de conduite, ni liaison dans les raisonnemens, ni choix dans les expressions.
Elle déchire un grand, voilà tout. Mais
cela suffit à tant de lecteurs !

Le logement qu'a quitté Moufflard,
est habité par un pauvre diable qui ne
possède au monde qu'une presse porta-
tive, qu'il démonte, qu'il met dans un
sac, et qu'il emporte sur son épaule,
quand il est forcé de changer de domicile. Il imprime la chanson satirique ou
licencieuse, le pamphlet insolent ou ca-
lomniateur, tous ces écrits qui circulent
dans l'ombre, et que craignent d'avouer
les auteurs les plus déhontés. Il est connu
de tous les écrivassiers, et c'est à lui que
s'adresse l'auteur de la brochure dont
je viens de parler. Le traité est bientôt
conclu. On partagera les bénéfices, sous
la seule condition que l'auteur aidera
l'imprimeur à faire gémir la presse.

A mesure qu'on tire, la maîtresse de

de l'imprimeur, qui mange du pain noir pendant la semaine, et qui est battue le dimanche, en revenant de la guinguette, ploie et broche. On a escamoté, dans un cabinet littéraire, l'almanach des vingt-cinq mille adresses. On le compulse, on examine ; on juge quels sont ceux qui, par la nature de leurs fonctions, ou leur caractère connu, sont, ou doivent être en opposition avec Versac. On rédige une liste, et la brocheuse, et l'imprimeur, et l'auteur partagent entre eux les quartiers de Paris, et on commence à colporter la brochure.

On y relève, d'un ton tantôt plaisant, tantôt amer, toutes les fautes de Versac. On a fouillé dans les secrets de son intérieur ; on a interprété ses moindres actions, ses paroles les plus insignifiantes; on a pénétré jusque dans sa pensée. La petite Mauret, Mme. Dutour sont le sujet de deux épisodes piquans. L'ouvrage a un succès décidé, non d'estime, mais de vogue. On se l'arrache ; on l'a toujours en poche, pour le faire lire à ceux qui n'ont pu se le procurer encore. Un homme qui se disait dévoué à Versac, lui en envoie douze exemplaires.

Il est facile d'imaginer les transports, la fureur de l'excellence. Ils n'étaient comparables qu'à la soif de vengeance qui la dévorait. Mais sur qui tomberont les coups, et comment trouver le coupable ? S'adresser à la police, serait paraître attacher de l'importance à un libelle, qu'il est de la dignité d'un homme de bien de mépriser.

Moufflard, malgré son ambition, n'avait pu descendre que d'un étage. L'imprimeur avait fixé sa presse sur d'épais paillassons, qui n'étouffaient pas tellement le bruit, qu'on ne pût se douter dessous de ce qui se faisait dessus. Moufflard savait donc qu'un imprimeur, non avoué, occupait son ancien logement ; mais il n'avait donné aucune suite à cette première idée : la conduite du voisin ne l'intéressait en rien.

Mais le voisin et ses associés avaient, malgré leur extrême circonspection, laissé tomber un de leurs exemplaires sur les degrés. Malheureusement pour eux, il avait été relevé et lu par Moufflard. Jugez de sa joie ! Il pourra peut-être donner à monseigneur une preuve nouvelle de sa reconnaissance et de son dévouement. Il n'a plus de repos. Le jour, la nuit, il est à la porte de l'imprimeur ; il a l'oreille au trou de la serrure, et en quarante-huit heures il sait tout ce qu'il lui importe de connaître.

Il court, il arrive à la porte du cabinet de monseigneur. Il prie l'huissier de l'annoncer. L'huissier répond que son excellence a de l'humeur, beaucoup d'humeur, et ne reçoit personne. Moufflard insiste; il a, dit-il, quelque chose d'important à communiquer. L'huissier se rend; il entre, et le reconnaissant, l'officieux Moufflard entend très distinctement le refus de l'admettre. Il saisit le sens de quelques expressions qui l'auraient vivement blessé dans toute autre circonstance; mais son excellence a de l'humeur; elle se fût exhalée sur un autre comme sur lui. Il ne peut donc raisonnablement se choquer de ce qu'il a entendu.

Il écrit qu'il connaît l'auteur et l'imprimeur de la brochure injurieuse, calomnieuse, qui circule dans le monde. L'huissier refuse de remettre le papier; Moufflard le glisse par-dessous la porte, et la porte s'ouvre, quelques secondes après. Monseigneur regarde l'huissier d'un air sévère. « Pourquoi ne m'avez-» vous pas dit que c'est Moufflard qui » désire me parler? — Je l'ai dit à son

» excellence. — Vous le croyez; il n'en
» est rien. Entrez, Moufflard, entrez. »

La porte se referme. Versac invite Moufflard à prendre un siége. S'asseoir en présence de monseigneur! c'est un honneur qui ne s'accorde qu'à très peu de personnes, et dont Moufflard se croit indigne. Monseigneur le pousse doucement vers un fauteuil; il se place à côté de lui; il lui sourit avec une bienveillance marquée; il l'interroge; il va connaître ses ennemis; le plaisir et la colère brillent à la fois dans ses yeux.

Il est cruel, pour quelqu'un qui ne fait que du bien aux hommes, d'être ainsi calomnié. La philantropie la plus soutenue ne peut cependant laisser cette atrocité impunie : ce serait encourager le reptile à répandre de nouveau son venin. Telles sont les réflexions que monseigneur communique à Moufflard, et Moufflard en admire la justesse et la précision. A quel parti s'arrêtera-t-on ? Recourir aux tribunaux serait ajouter à la publicité d'un écrit affreux. Ce serait fournir de l'aliment à la curiosité impertinente, à l'envie, toujours active. Il est des personnes, d'ailleurs, dont la considération peut être altérée par les expressions, souvent plus qu'indiscrètes, que se permettent messieurs les avocats.

Moufflard rend hommage à la sagacité de monseigneur ; mais il n'ouvre aucun avis, et monseigneur voudrait avoir l'air de se rendre, et ne rien ordonner. Un joli bambou est appuyé contre son fauteuil ; il le pousse légèrement du coude, le bambou tombe et roule à ses pieds. Moufflard se hâte de le relever ; il le balance dans sa main. « Je regrette, dit-il, qu'il soit si léger. » —Vous penseriez, Moufflard !.....— » Que ce devrait être la propre canne de

» monseigneur....—Des voies de fait,
» Moufflard!—Il faut écraser le rep-
» tile, pour l'empêcher de répandre son
» venin.—Ce parti serait le plus sûr,
» le plus court. Cependant, mon cher
» Moufflard.... cependant.... » Monseigneur fait encore quelques objections ; elles sont faibles ; le son de sa voix est plus faible encore, et son air est encourageant. Rien de tout cela n'échappe à Moufflard. Il parle, il presse, et persuadé qu'il a pénétré monseigneur, il combat les petits mots qu'on lui oppose encore. On est d'accord sur le fait principal : il ne reste que les détails à régler.

Moufflard ne se pique pas d'être brave, il en convient ; mais fût-il un héros, que fera-t-il contre trois ? Le *qu'il mourût* est fort bon au théâtre, et n'a pas fait beaucoup d'imitateurs. Versac met une bourse de cinquante louis dans la main de Moufflard; il la lui serre avec affection, et le congédie, en lui disant : « Vous ne reparaîtrez dans les bureaux » que lorsque vous aurez dépensé cet » argent-là avec vos amis. »

A qui Moufflard s'adressera-t-il pour l'exécution du coup de main qu'il doit diriger ? Il y a du danger à faire certaines propositions à des gens incapables de les accepter. Moufflard, dans la détresse, n'avait pu être difficile sur le choix de ses liaisons ; mais sa mémoire ne lui rappelait personne qui eût les épaules carrées, les membres musculeux, et surtout la probité de Bartholo : tout juste ce qu'il en faut pour n'être pas pendu.

Il fallait encore que ceux qui seraient disposés à le servir, voulussent bien gagner peu en s'exposant beaucoup, car il était clair qu'il devait lui rester au moins vingt-cinq louis sur les cinquante qu'il avait reçus de Versac. Moufflard était vraiment embarrassé. Cependant, quel honneur d'être admis à venger son excellence! quelle satisfaction d'obtenir la préférence sur tant de gens, qui auraient couru au-devant d'une semblable mission! que de faveurs vont pleuvoir sur l'agent, le confident intime de monseigneur!

La mauvaise humeur de son excellence était un peu calmée par la certitude d'être bientôt vengé. Mais l'humeur eût-elle existé encore dans toute sa violence, il n'en eût pas moins fallu recevoir les employés supérieurs, et avoir l'air de se mêler un peu de son administration. Il restait cependant encore assez d'acrimonie, pour que messieurs les chefs de bureaux ne fussent pas accueillis d'une manière bien encourageante.

« Qu'est-ce que ces états, messieurs?

» sur quel papier sont-ils faits? quels
» sont les brouillons qui écrivent ainsi?
» — Depuis que monseigneur a jugé à
» propos de créer un inspecteur de cette
» partie, nous n'avons pas de meilleur
» papier, les plumes sont détestables,
» les canifs sont de plomb, et saint
» Omer lui-même ne pourrait écrire
» lisiblement avec de pareils instru-
» mens. »

Monseigneur se pince les lèvres, et prend à l'instant son parti. Moufflard ne doit reparaître qu'après avoir châtié des insolens; il peut n'être pas heureux dans son entreprise, et s'il se fait des affaires avec la justice, il ne doit être qu'un misérable, déjà chassé des bureaux pour cause de malversation. « Je me suis laissé
» aller, dit Versac, à un sentiment d'hu-
» manité, de compassion, envers un in-
» fortuné qui avait servi long-temps dans
» mes bureaux ; j'avais d'ailleurs été ro-

» lontairement injuste envers lui, et je
» me plais à réparer mes torts. Mais la
» bienveillance, la philantropie même
» ont des bornes, et je serais coupable,
» si l'amour que je porte aux hommes
» allait jusqu'à nuire au bien du service.
» D'après les pièces que j'ai sous les yeux,
» il est clair que l'inspecteur et le mar-
» chand papetier sont deux fripons. Je
» supprime le premier; j'entends qu'on
» change le second, et qu'on réduise ses
» mémoires de moitié. S'il résiste, qu'on
» le traduise devant les tribunaux. »

Monseigneur croit avoir quelque chose de très particulier à dire à madame Dutour, et il est une époque de la vie où on ne choisit pas ses momens. Il se hâte de congédier ses subordonnés; il demande sa voiture; il part.

D'Alaire dînait tranquillement entre madame Bernard et Julie. Il regardait souvent la jeune personne; il l'interrogeait ; elle lui répondait avec décence et une sorte d'enjouement. Elle paraissait avoir de l'esprit naturel, et le seul défaut que lui trouvât le comte, était de croire à la vertu désintéressée, et de ne reconnaître d'égoïsme que dans les cœurs dépravés. Julie n'avait pas oublié les conseils de madame Bernard, mais elle ne pouvait prendre sur elle de masquer ses sentimens. Elle les trouvait consolateurs, et par conséquent nécessaires ; elle était d'ailleurs incapable de dissimuler, surtout avec son bienfaiteur. Ah ! pensait d'Alaire, elle ne connaît pas encore les hommes ; l'expérience lui apprendra à les juger ; mais on ne peut raisonnablement exiger d'un enfant de cet âge la pénétration et le jugement que donnent les années. Et puis, si nous avions tous trois la même façon de penser, la conversation tomberait à chaque instant. Un peu de contradiction la ranime, l'alimente et la rend piquante et variée.

Pour moi, ajoutait-il, je ne dînerai jamais ici sans avoir sous les yeux les heureux que j'ai faits, sans jouir de ce tableau ; et la satisfaction de l'âme influe singulièrement sur la digestion. Telle est certainement la plus forte des raisons qui m'ont fait admettre à ma table Julie et Mme. Bernard.

En effet, que me restait-il de ces dîners si chers, si longs, si ennuyeux ? Un vide insupportable. Je les donnais par pure ostentation, et ici tout est jouissance. Voilà du moins de l'égoïsme sagement calculé.

Vous savez que Mme. Bernard est curieuse, et je vous apprends que le suisse de l'hôtel est nouvelliste. Il a entendu parler de la trop célèbre brochure ; il s'en est procuré un exemplaire. Madame

Bernard est parvenue au plus haut degré de crédit et d'influence ; les gens de M. le comte doivent saisir les moindres occasions de lui faire leur cour, et le suisse s'était hâté de lui présenter la brochure. Mme. Bernard savait que d'Alaire et Versac étaient brouillés ; qu'en général l'homme le plus modéré n'est pas fâché d'entendre médire de celui avec qui il est mal, et elle s'empresse de rendre au comte les marques de déférence qu'elle a reçues de son suisse. Pendant que d'Alaire réfléchit, elle tire le pamphlet de son sac, et le place devant lui.

Il sort enfin de sa rêverie, et jette les yeux sur cet écrit. Il le compulse ; il rougit, il pâlit, et à chaque instant il s'écrie : Le malheureux ! combien il doit souffrir ! Julie voit que le comte souffre lui-même. Elle n'ose lui parler ; mais l'intérêt le plus touchant se peint dans ses yeux. D'Alaire se lève brusquement ;

il lui tourne le dos, fait quelques tours dans sa salle à manger, et dit entre ses dents : « Je ne serais pas en paix avec » moi-même, si je n'allais le consoler. » Il sort, il monte dans le premier fiacre qui se présente, et il se fait conduire chez Versac.

Versac n'est pas rentré encore, et d'Alaire se décide à l'attendre chez madame. Il la trouve dans le plus déplorable état. Il ne peut, sans indiscrétion, rester auprès d'elle ; il se retire ; il fait appeler la femme de chambre de confiance ; il l'interroge avec ce ton pénétré, qui exclut tout soupçon de curiosité. Les malheureux aiment à parler de leurs peines, et cette femme était trop attachée à sa maîtresse pour ne pas partager les chagrins qui la consumaient. D'Alaire apprend que Versac joint à l'abandon le plus complet, des procédés durs, humilians, et que, par un raffinement de cruauté, il exige que le calme soit sur le front de sa femme, et le sourire sur ses lèvres, lorsqu'elle reçoit quelqu'un. Victime dévouée, elle dévorait ses larmes, quand elle ne pouvait les répandre dans le sein de celle qui en versait avec elle. La misérable brochure lui a porté le dernier coup; l'infortunée aime encore l'ingrat, qui fait le tourment de sa vie. Elle a fait acheter, à un très haut prix, le manuscrit et ce qui restait de l'édition, et l'infâme auteur en fait colporter une seconde.

D'Alaire est furieux. Il s'emporte; il ne se possède plus. Il maudit les hommes; il s'écrie que la vertu n'est qu'un mot, ses apparences un masque; que le visage hideux du méchant s'en couvre pour cacher sa difformité, et tromper avec impudence. Il rentre chez M.me de Versac. Il lui conseille de quitter son mari, de plaider en séparation; il lui offre sa maison pour asile. Mme. de Versac lui répond qu'elle n'ajoutera pas au déshonneur qui commence à peser sur son mari; qu'il ne lui restera qu'elle, si un jour le malheur l'accable, et qu'elle restera à la place que lui assigne son devoir. Le devoir! le devoir, reprend d'Alaire avec exaspération! vous voulez vous montrer plus noble, plus grande que votre mari. Vous avez l'égoïsme de l'orgueil.

Une telle inculpation écrase, désespère Mme. de Versac; ses pleurs coulent en abondance. D'Alaire tombe à ses genoux; il lui demande pardon; il mêle ses larmes aux siennes. Mme. de Versac lui tend la main, le regarde avec douceur, et le prie de se retirer.

D'Alaire se rend. La confidente, l'amie de Mme. de Versac, juge qu'il ne peut paraître dans l'état où il est, et elle le conduit chez elle. Un secrétaire est ouvert : le comte prend une plume et écrit à Versac une lettre fulminante. Il lui rappelle toutes ses fautes; il les lui reproche avec amertume, avec colère, avec mépris. Il lui déclare que s'il ne change de conduite à l'égard de sa femme, ses procédés odieux ne seront pas couverts plus long-temps du voile d'une fausse philantropie; que lui d'Alaire, qui n'a jamais écrit, fera aussi une brochure, et qu'il y mettra son nom.

Il se lève; il ouvre une croisée; il respire le grand air. Il adresse quelques mots à la femme de chambre, et il n'est pas du tout à ce qu'elle lui répond. « Allons, » dit-il, allons chercher un peu de calme » auprès de Julie; il n'en est plus ici » pour moi. »

Une femme de chambre, qui a quelqu'adresse, ne se charge pas de remettre à monsieur une lettre qui peut exciter son ressentiment. Alexandrine dépose sur la cheminée du salon la mercuriale du comte, et s'il plait à monsieur de faire une enquête, la main officieuse qui sert madame ne sera pas connue.

Versac rentre : c'est l'heure du dîner. Il demande pourquoi madame ne vient pas recevoir ses convives ? On lui répond qu'elle est indisposée. « Qu'elle vienne, » dit-il à Alexandrine. — Madame peut » à peine se soutenir. — Qu'elle vienne; » je le veux. » Cette femme est sans doute dans les secrets de sa maîtresse : il est inutile qu'il prenne son masque devant elle.

Il se promenait dans son salon, en pensant à madame Dutour. Elle est jolie, à la bonne heure, pensait-il ; mais elle a des caprices, et elle devient exigeante. Elle veut des soins, des assiduités, et presque des égards. Tout cela me fatigue. Une femme ne doit être pour moi qu'un être dépendant et soumis.... Que vois-je? l'écriture de d'Alaire ! il se repent d'avoir rompu avec moi ; il cherche à amener un rapprochement. J'ai reconquis ma liberté; j'y tiens; je ne le verrai plus. Lisons, cependant.

La figure de Versac se décompose; ses passions habituelles se développent; mais bientôt il réfléchit; il sonne : « Faites
» venir Alexandrine.

» J'étais très préoccupé quand vous
» m'avez parlé tout à l'heure. Je crois
» maintenant vous avoir entendu dire
» que madame ne se porte pas bien.
» — Elle a le plus grand besoin de re-
» pos. — Qu'elle en prenne. Je recevrai
» seul.

» Le maudit homme, avec sa vertu
» qu'il appelle de l'égoïsme! Combien il
» est fort des faiblesses des autres, celui
» à qui on n'en peut reprocher aucune!
» Dans un moment d'enthousiasme, d'A-
» laire peut exécuter ses menaces. Je
» surmonterai ma répugnance; j'irai chez

» lui, et je me conduirai selon les dispo-
» sitions dans lesquelles je le trouverai. »

Le dîner fut triste. Versac, continuellement rêveur et distrait, n'avait, fort heureusement pour lui, aucun de ces personnages qui commandent les procédés, et que, par conséquent, un maître de maison est, en quelque sorte, obligé d'amuser. Il ne traitait, ce jour-là, que des mangeurs, et cette espèce de gens montent toujours leur physionomie sur celle de l'amphytrion. On parla très peu; et en revanche on consomma beaucoup. On avait à peine quitté la table, que les convives s'échappèrent les uns après les autres : c'est ce que désirait Versac.

Il arrive chez d'Alaire. « Que me vou-
» lez-vous, monsieur ? — Je viens m'ex-
» pliquer sur certaines choses.... — Je
» sais tout; ainsi les explications sont
» inutiles. Si vous venez ici pour avouer
» franchement des fautes qui m'indi-

» gnent, si vous voulez sincèrement les
» réparer, je peux me souvenir encore
» que je fus votre ami. — Je veux vous
» prouver que, si un orgueil déplacé m'a
» rendu indocile à vos avis ; si je me suis
» éloigné de vous dans un moment d'hu-
» meur que je me suis reproché, je ne
» suis pas indigne de votre indulgence.
» — C'est la première fois que vous me
» tenez ce langage. La crainte, au reste,
» rend capable de tout.—Je conviens que
» je redoute votre influence sur l'opinion
» publique. Mais j'ai résolu de tout faire
» pour reconquérir votre estime. — Je
» vous préviens que vous ne m'abuserez
» pas avec des mots. — Quelle preuve
» voulez-vous de ma sincérité ?

» — Vous avez près de Blois une terre
» qui rapporte vingt mille livres de rente.
» —Hé bien ?—La maison de maître est
» jolie. — Après ? — Le site est pitto-
» resque. — Enfin ? — Vous abandon-

» nerez ce bien à madame de Versac. Elle
» pourra s'y retirer. Elle prendra avec
» elle ceux de ses gens qui lui conviennent,
» et, quelque chose qui arrive, jamais
» vous n'irez troubler son repos. — Est-
» ce tout ? — Consentez-vous à ce que je
» vous demande ? — Je m'y engage sur
» ma parole d'honneur. — Une promesse
» verbale ne me suffit pas. — Que vou-
» lez-vous de plus ? — Passons dans mon
» cabinet. Vous y signerez l'abandon de
» ce bien et une séparation volontaire.
» — Signer ! monsieur, signer ! vous
» donner un titre contre moi ! — Vous
» savez que je suis incapable d'en abuser.
» — Je le crois.... je le sais.... cepen-
» dant.... — Votre signature à l'instant,
» ou je vais commencer ma brochure.
» — Vous auriez le courage de me diffa-
» mer ! — J'aurai toujours celui de dé-
» fendre l'opprimé contre l'oppresseur,
» quel qu'il soit. »

Versac était bien sûr de la délicatesse, des procédés du comte ; mais il lui répugnait de s'engager, et surtout de ployer devant les circonstances. Cependant il connaît le rigorisme de d'Alaire ; il sait qu'il ne transige jamais avec ce qu'il croit être son devoir ; il est capable de le sacrifier à la tranquillité de madame de Versac. Une mauvaise brochure a amusé la malignité, sans la convaincre, peut-être : un écrit du comte fixerait irrévocablement l'opinion, et le perdrait sans retour. Il suit d'Alaire dans son cabinet.

Ah! pensait celui-ci, en rédigeant un acte assez irrégulier, mais qui n'était pas trop mal conçu pour un homme de qualité, ah! pensait-il, une fois au moins tu feras une action philantropique. Tu ne manqueras pas de t'en vanter, et tu te tairas sur les motifs. N'importe ; le bien sera fait, et c'est tout ce que je désire.

Versac signe, bien malgré lui, avec des regrets bien vifs ; mais enfin il a signé.

D'Alaire serre soigneusement le traité qui vient d'être conclu. « Je vous jure, » dit-il à Versac, par tout ce qui peut » lier un homme d'honneur, que cet écrit » ne sortira point de là, tant que vous » tiendrez vos engagemens.—Ma femme » même n'en aura pas connaissance ?— » Non, si vous vous conduisez avec dou- » ceur à son égard jusqu'à ce qu'elle s'é- » loigne ; si vous employez des formes et » quelque adresse pour l'engager à par- » tir. Vous seriez humilié, si elle con- » naissait les droits que je viens de lui » donner sur vous, et je ne mettrai pas » dans une position humiliante celui qui » vient de faire un acte de probité. » Versac se jette dans ses bras, le presse contre son sein, et peut-être était-il sincère en ce moment. Il se croyait au moins très heureux que la discrétion du comte ménageât son orgueil. Il prend congé de lui ; il se retire.

Allons, se dit le comte, j'ai assuré le bien-être, le repos, l'indépendance de madame de Versac, et je suis rentré dans tous mes droits auprès de son mari. Je pourrai encore le voir et le gronder tous les jours ! Que de jouissances je viens de me procurer à la fois !.... Je pourrais y ajouter, en faisant connaître à cette femme le service important que je viens de lui rendre....Non, non ; ce serait prétendre à de la reconnaissance, dégrader par conséquent le bienfait, et manquer ouvertement à ce que j'ai promis à Versac. Tout restera concentré dans le fond de mon cœur, et les plaisirs que m'assure cette journée ne seront troublés par aucun nuage. Il faut convenir que l'égoïsme, bien entendu, est vraiment une belle chose !

CHAPITRE VII.

Les voies de fait ont toujours de tristes suites.

C'est une terrible chose qu'un orage à Paris. Des torrens d'eau tombent des toits, et mouillent, jusqu'à la peau, la beauté et la laideur, l'enfance, l'âge mûr et la vieillesse. Les ruisseaux se grossissent, et on ne peut échapper aux gouttières, qu'en se mettant jusqu'à mi-jambes dans une eau noire et infecte. Un parapluie vous prend par une oreille; vous vous retournez, et vous recevez un soufflet de la planche de passage à un sol, que porte sur son épaule l'entrepreneur du moment. Vous tempêtez, vous jurez même, ce qui est fort mal; des *gare, gare,* répétés vous font oublier la planche et le porteur. Vous vous collez contre le mur, et le chien danois, qui court devant le carrosse menaçant, étourdi, et du tonnerre, et des mouvemens rapides et incertains des malheureux piétons, vient passer entre vos jambes, et vous jette le derrière dans un cuveau, que la ménagère a mis à sa porte pour recevoir l'eau de la pluie. L'homme opulent, qui se fait traîner, tremble pour la couverture du siége et pour sa livrée. Il ne s'occupe ni des culbutes, ni des chapeaux de gaze, ni du bonnet surmonté du bouquet de roses, ni du bas blanc à jour, qui sont devenus méconnaissables. La marchande de modes seule rit, de son comptoir, du désastre général. Elle calcule déjà ce qu'il pourra lui rapporter.

Moufflard ne craint ni pour sa livrée, ni pour ses chevaux ; mais il a son habit neuf. Il est dix heures du soir, et l'obscurité ajoûte au tumulte et aux embarras. Il se jette dans une allée, et il ferme la porte sur lui : quinze à vingt personnes auraient pu se réfugier là, le presser, et M. Moufflard aime ses aises. Que lui importe que les autres se mouillent, pourvu qu'il soit à couvert ? N'est-ce pas encore là de l'égoïsme ?

Il se promène dans cette allée, en long et non en large, attendant que le ciel voulût bien s'éclaircir. Il pensait à la difficulté de trouver des gens disposés à venger monseigneur. Il récapitulait les démarches indirectes qu'il avait déjà faites pour arriver à son but. Il voulait en faire de plus positives, pourvu cependant qu'elles ne l'exposassent pas au traitement qu'il réservait à l'auteur, à l'imprimeur et à la brocheuse du libelle.

Il est tiré de sa méditation par deux individus qui descendent du haut de la maison, et qui parlent à voix basse.

Moufflard n'est pas brave, vous le savez. Rien n'annonce un danger réel ; cependant il retient son haleine et prête une oreille attentive.

« Depuis trois jours, n'avoir *fait* qu'une » tabatière de buis ! disait l'un. Tâchons » de profiter du désordre causé par l'o- » rage, disait l'autre. » Moufflard tremble d'être dépouillé dans l'allée même où il s'est si soigneusement enfermé. Il cherche le pêne de la serrure ; les ténèbres et son trouble l'empêchent de le trouver. Les deux causeurs s'approchent; l'allée est étroite ; Moufflard ne peut les éviter. Tout à coup une main tombe d'aplomb sur son épaule, et il entend crier : *qui vive ?* « Messieurs, c'est un pauvre » homme qui s'est mis ici à l'abri de la » pluie. — Sais-tu dans quelle rue tu es ? » — Dans la rue de la Mortellerie. — » Connais-tu le numéro de la maison ? » — Non, messieurs. — Que tu le con-

» naisses ou non, peu importe ; nous ne
» demeurons pas ici. Voyons ce que tu as
» sur toi. — Hé, messieurs, vous expo-
» serez-vous à aller aux galères pour un
» misérable mouchoir? — Un soldat s'ex-
» pose bien à se faire tuer pour six sols.
» — Sa profession est honorable. — La
» nôtre est lucrative : il y a compensa-
» tion partout. Allons, ne fais pas le rai-
» sonneur, et vide tes poches. — En vé-
» rité, messieurs, je n'ai que mon mou-
» choir, et, si vous voulez vous entendre
» avec moi, je vous ferai gagner vingt-
» cinq louis. — Quand? — Peut-être ce
» soir. — Hé bien, entendons-nous. Mais
» pas de subterfuges ; tu n'y gagnerais
» rien. — Je suis de bonne foi, messieurs.
» D'ailleurs j'honore l'industrie partout
» où je la trouve, surtout quand elle peut
» m'être utile. »

Moufflard parle alors longuement et complaisamment de monseigneur, de la protection immédiate qu'il lui accorde, et que chaque jour il s'efforce de justifier. Monseigneur est l'ami des hommes; c'est le philantrope le plus ardent, le plus pur de Paris, mais en même temps le plus équitable. Il ne peut se dispenser de faire périr sous le bâton des insolens qui tendent, par d'infâmes calomnies, à lui ôter l'estime et la confiance du prince, à priver la France d'un administrateur plein de zèle et de lumières, et qui consacre tous ses momens au bien de la patrie. La reconnaissance est une des vertus de monseigneur; et si, en le servant, on était reconnu, exposé à certains désagrémens, sa haute et puissante protection étoufferait l'affaire.

Tout cela est bien beau, bien séduisant; mais les coquins sont rusés, et ils doivent l'être: ils ne peuvent opposer à la force que la prévoyance et l'adresse.

« Nous ferais-tu cette longue histoire

» uniquement pour sauver ton mouchoir ?
» — J'ai deux louis dans mon gousset de
» montre, je vais vous les donner pour
» arrhes du marché. — Donne. — Les
» voici. — Et la montre ? — Je ne la porte
» jamais le soir. — Voilà de la prudence.
» — Venez chez moi ; je vous donnerai
» dix autres louis d'avance, et je vous
» ferai connaître les drôles dont vous au-
» rez l'honneur de venger son excel-
» lence. — Aller chez toi ! tu veux nous
» faire arrêter. — Quand on s'expose à
» l'être pour une tabatière de buis, on
» peut hasarder quelque chose pour avoir
» cent écus. — Pas mal raisonné. — D'ail-
» leurs, je ne vous quitterai pas d'une
» seconde. — Et si tu jettes un cri, nous
» t'étranglons. — J'y consens. »

Messieurs les associés bravent la pluie qui tombe encore. *Auri sacra fames!* Moufflard ouvre la marche. Les deux coquins le suivent et l'observent. Il prend son chemin en ligne droite, écartant des coudes les obstacles qui se présentent; il ne cherche qu'à avancer. Il arrive devant le corps-de-garde du Port-au-Blé; ceux qui l'observent redoublent d'attention. Il n'a pas seulement tourné la tête en passant devant le factionnaire. Ce trait inspire de la confiance, et, pendant que l'un suit Moufflard pas à pas, l'autre s'éloigne, revient, s'éloigne encore. Il heurte, il est heurté; il presse, on le presse à son tour, et il n'a pas ses mains dans ses poches.

On est à la porte de la maison qu'habite Moufflard. Nos filous le placent entre eux, et lui enjoignent de garder le plus rigoureux silence. On monte; on gagne le logement de Moufflard. Il ouvre sa porte; il la referme sur lui et ces messieurs; un briquet phosphorique donne aussitôt de la lumière. Moufflard, fidèle à ses engagemens, tire dix louis de son secrétaire de bois de noyer, et les remet à ces messieurs. Il n'a fait qu'entr'ouvrir le petit tiroir, et l'œil perçant des deux drôles en a mesuré le contenu.

Celui qui, dans la marche, a marqué tant d'activité, lui présente trois montres, et le prie, d'un ton ferme, de lui prêter quinze louis sur ces effets. Moufflard hésite. « Monsieur, lui dit-on très
» poliment, vous honorez l'industrie par-
» tout où vous la trouvez. Cela est très
» louable, sans doute, mais n'est pas suf-
» fisant : il faut encore l'encourager.
» Quinze louis, s'il vous plait, ou nous
» nous retirons avec ce que vous venez
» de nous donner. — Mais, messieurs... —
» Mais ce que nous vous demandons n'est
» qu'un prêt, et nous vous laissons des
» gages. — Et, dans un moment, vous
» allez me demander autre chose. — Nous
» vous donnons notre parole d'honneur de
» ne plus rien exiger, que lorsque notre

» expédition sera convenablement ter-
» minée. — Oh ! votre parole d'hon-
» neur !... —Chacun a le sien, monsieur.
» Le nôtre consiste à ne jamais violer la
» promesse faite à ceux avec qui nous
» avons des rapports d'intérêt. » Moufflard est toujours incertain ; il ne répond
plus ; il réfléchit. On met un terme à ses
irrésolutions. On ouvre le petit tiroir ;
on y prend quinze louis, pas un de plus,
mais aussi pas un de moins ; on y met les
trois montres, on ferme le secrétaire, et
on remet la clef à Moufflard, en lui faisant une révérence, accompagnée d'un
sourire tout à fait aimable.

On ne s'occupe plus que de l'objet essentiel, dont les incidens que je viens de
détailler ne sont que des accessoires. Les
exécuteurs des vengeances reçoivent de
Moufflard les renseignemens les plus
étendus et les plus clairs, et on se décide
à agir à l'instant. Il est vraisemblable

que les associés d'en haut ont été retenus chez eux par l'orage, et la première chose qu'il y ait à faire est de se procurer les instrumens du supplice qu'on veut infliger ; on reconnaîtra ensuite les trois visages. On va acheter, chez la fruitière du coin, deux manches à balai qu'on fait scier à la longueur convenable, et on remonte chez Moufflard.

Il a son rat de cave. On l'allume, et on se présente chez l'imprimeur comme si on venait d'un autre quartier de Paris. On est libraire de province. On a entendu parler avec éloge de la fameuse brochure, et on veut la faire connaître à Lyon et à Bordeaux. On prend, on paye une vingtaine d'exemplaires ; on se laisse conduire par la brocheuse, qui déjà se disposait à sortir, jusqu'à l'étage au-dessous. On descend dans la rue, pour éloigner toute espèce de soupçon ; on éteint le rat de cave ; on remonte à tâtons chez

Moufflard; on lui demande le remboursement de quarante francs de frais, qui ne doivent pas être pris sur les bénéfices. Moufflard trouve la demande fondée; il paye, et nos drôles vont s'embusquer dans une allée voisine.

Bientôt un bruit effrayant se fait entendre. Des cris aigus semblent partir de tous les côtés. Le tonnerre recommence à gronder; un déluge d'eau semble couvrir la superbe Lutèce. Les plaintes, les clameurs, d'épouvantables juremens, tout concourt à rendre cette nuit horrible.

Moufflard met la tête à la fenêtre. Les boutiques sont fermées, et la triste et pâle lueur des économiques réverbères ne laisse entrevoir qu'un ciel en feu, qui se reflète dans de sales ruisseaux, transformés de nouveau en torrens. Si Moufflard ne distingue pas les objets, il entend les coups qui tombent comme la grêle. La voix piaillarde de la brocheuse lui chatouille agréablement le tympan. Il est clair qu'on venge monseigneur.

Oh! quel chapitre que celui de la contrariété! Qu'il est varié, étendu! Quel homme ne ferait des in-folios, s'il écrirait tout ce qu'il a éprouvé en ce genre? N'interrompons pas notre récit par des réflexions philosophiques, qui seraient ici de vrais hors-d'œuvre. Le beau n'est beau qu'autant qu'il est à sa place.

Il y a toujours dans les rues de Paris des gens qu'on paye à l'année, pour n'avoir jamais d'affaires personnelles, et se mêler sans cesse de celles d'autrui. Une patrouille était entrée dans cette rue, par un bout, tandis qu'une seconde se glissait par l'autre extrémité. L'ancien guet à pied reculait quelquefois, dit-on, devant les batailleurs et l'orage. Notre ville est gardée maintenant par des gens qui ne craignent rien. Quel malheur pour la petite société, qui est en guerre continuelle avec la grande!

Les deux patrouilles s'avancent au pas de charge, et bientôt les battans et les battus vont se trouver entre deux feux. Comment cette scène finira-t-elle? C'est ce que veulent savoir les commères, les badauds et les polissons du quartier. C'était un lundi : les commères se déchaussent, mettent sagement sous un bras les bas qui doivent faire la semaine, et, leur jupon sur la tête, elles se jettent dans la mêlée. Les hommes, qui ne craignent pas d'ajouter un demi-pouce de crotte à celle qui couvre déjà leur pantalon, ne pensent qu'à jouer un rôle, et à seconder la force armée. On est toujours brave, quand on est vingt contre deux, et qu'on est secondé par dix auxiliaires qui arrivent, la baïonnette au bout du fusil et le sabre au côté.

Quel peintre a des pinceaux assez hardis, assez vigoureux pour rendre un pareil tableau ? Où êtes-vous, divin Homère, et vous, cygne harmonieux de

Mantoue ? Pour moi, humble prosateur, je vais continuer mon récit tout simplement, sans prétentions. L'imagination du lecteur enrichira les faibles images que je vais lui présenter.

Sexe charmant, dont les contours moelleux, les formes enchanteresses, les grâces entraînantes devraient désarmer les mains les plus barbares, est-il donc vrai que vous n'êtes rien, et que tant d'avantages précieux disparaissent devant les passions haineuses, et surtout devant la cupidité ? La brocheuse, que sa faiblesse même devait rendre respectable, a succombé la première. Elle est étendue dans un large ruisseau, et elle tourne ses yeux, à demi fermés, vers le ciel, qui ne la venge pas. Une vieille hotte défoncée, que roulent les flots, passe, s'arrête dans les jambes de l'infortunée, et une commère lui en fait un oreiller. L'occiput et les omoplates de l'auteur et de l'imprimeur ont résisté quelque temps à la violence des coups; mais enfin ils chancèlent, ils tombent, et on se dispose à les achever, en leur répétant à demi-voix : C'est de la part de monseigneur de Versac.

L'impassible chiffonnier est étranger à tout ce qui se passe. Sa lanterne d'une main, le dos courbé, les yeux fixés à terre, et son crochet en avant, il ramasse vingt, trente, cinquante, soixante brochures dispersées. Il croit avoir fait sa fortune.

Tout à coup, on n'entend plus qu'un cri : Arrête ! arrête ! arrête ! Ce cri fatal pour les filous, et même pour les amans qui courent la nuit les aventures, ce cri a frappé nos deux drôles. Ils lâchent leurs victimes, et ne pensent plus qu'à se mettre en sûreté.

La police veut que les allées soient fermées à onze heures. Mais quelle autorité peut se faire rigoureusement obéir, quand ses ordonnances sont en opposition avec les intérêts particuliers ? Tant de gens veulent trouver, à toute heure, leur porte, ou celle de leur voisine ouverte ! gens peu amis de l'ordre, peu délicats sans doute ; mais ils sont nombreux, et la plupart ne craint pas les commissaires, parce qu'il n'y a dans le grenier qu'un grabat, devant lequel les doigts crochus de la chicane sont forcés de s'allonger. Or, une main allongée ne peut rien saisir. Mais la prison ? Pourquoi la redouter, puisqu'on y trouve du pain à meilleur compte que chez le boulanger, et de l'eau comme sur les bords sablonneux de la Seine ? On y est d'ailleurs à l'abri des pluies d'orage.

C'est dans une de ces allées que se sont tapis nos deux coquins. On les a vus entrer ; on les suit, on se précipite, on croit les tenir. M. le caporal, qui doit donner l'exemple à sa troupe, avance, tête baissée, comme s'il était encore à Austerlitz. Mais la valeur n'est pas toujours heureuse. Ses jambes s'embarrassent dans celles des drôles, qui sont couchés à ses pieds. Il perd l'équilibre, il trébuche, il tombe, l'estomac sur la première marche de l'escalier, et le front sur la seconde. Nos filous se glissent sur les coudes et les genoux; ils tâchent de gagner la porte. Ils prennent, les uns après les autres, et par l'enfourchure, les soldats de l'escouade. D'un tour de reins, ils les jettent derrière eux sur le caporal. Ils se relèvent; ils tombent à grands coups de bâton sur les amateurs qui obstruent l'entrée de la maison, et qui se dispersent devant eux, comme la poussière sous le souffle de Borée. Une autre allée se présente; nos coquins s'élancent; la crainte leur donne des ailes; ils franchissent des escaliers que, dans le calme des passions, ils n'eussent peut-être pas trouvés. Ils sont sur le toit, et on ne sait encore où les chercher.

Un chat et sa compagne, couple modeste, qui avait la louable habitude de se soustraire à tous les regards, jouissait là en paix des droits de la nature. Malheureusement pour eux, ils se trouvaient sur le passage des fuyards. Un vigoureux coup de bâton leur brise les reins à tous deux. Ils roulent sur la pente du toit, et tombent dans la hotte du chiffonnier. Le chiffonnier, qui n'était pas préparé au choc, tombe le nez dans le ruisseau, se relève, regarde dans sa hotte, et bénit le ciel qui y a fait pleuvoir la manne.

Nous sommes tous bien aises de savoir d'où et comment nous est venu un bien inespéré. Le chiffonnier élève sa lanterne, il regarde attentivement, et il croit entrevoir, contre une cheminée nouvellement recrépie, quelque chose de noir, qui a du mouvement. Il fait part à une commère de ce qu'il a remarqué, et en cinq à six secondes, on n'entend plus qu'un cri : Les voilà ! les voilà !

M. le caporal et ses gens, qui auraient défié une compagnie en rase campagne, sont indignés d'être les jouets de deux malheureux. Ils prennent la lanterne du chiffonnier, ils montent, ils sortent par trois ou quatre lucarnes à la fois. Le combat va s'engager sur un terrain plus redoutable encore que l'ennemi.

Le vacarme affreux qui régnait dans toutes les parties de la rue, s'était fait entendre au loin. D'autres patrouilles étaient accourues ; un poste, tout entier, venait de se présenter. On gagne le toit de la maison voisine, et on coupe la retraite à nos fripons.

Là, on charge les armes, aussi bien qu'on peut le faire, quand on n'est pas d'aplomb sur ses pieds. On leur notifie que s'ils ne se rendent, on va faire feu sur eux. Il ne leur reste plus qu'à choisir entre mourir ou céder. Le choix ne pouvait être douteux.

D'ailleurs, bâtonner les gens n'est pas un crime qui entraîne la peine capitale. Et puis la haute magistrature sera portée à l'indulgence pour ceux qui ont châtié des libellistes, capables d'attaquer, tour à tour, les personnages les plus respectables de l'état. Enfin, il est sans doute dans les principes de monseigneur de ne pas abandonner ceux qui se sont exposés pour lui. Les réflexions sont rapides, quand on est sur les toits, menacé d'en descendre par le chemin qu'ont pris la chatte trop sensible, et son malheureux amant. Ces idées furent plutôt senties que détaillées, et elles amenèrent la soumission entière, absolue des délinquans.

Ils descendent avec humilité. Ils répondent, par des regards supplians, aux bourades, qui tombent sur eux dans le premier moment, ce qui est contre les principes : mais

Qui peut arrêter l'abus de la victoire?

Moufflard n'a pas quitté sa croisée. Il voit bourrer, prendre, garrotter, entraîner ses agens. Me voilà, se dit-il, dispensé de leur donner dix louis de plus. Or, dix et vingt-cinq que j'ai encore là, me font bien trente-cinq louis de bénéfice, sans que je me sois compromis, et la besogne a été loyalement faite. On les mène en prison; c'est tout simple, et qu'est-ce que cela me fait à moi? Qu'ils s'arrangent. Je vais me coucher, et en me levant, j'irai rendre compte de tout à monseigneur.

On prétend, mais je n'en sais rien, que des prévenus passent quelquefois huit jours et plus en prison, sans être interrogés. Ceux-ci le furent à l'instant même. Ce n'est pas qu'un juge enquêteur se fût levé, par égard pour eux. Mais une affaire d'une toute autre importance avait occupé un magistrat jusqu'à deux heures du matin. Le premier sommeil, si difficile à surmonter, se dissipe à mesure que le lever du soleil approche, et le juge aima mieux faire comparaître de suite nos deux fripons que de revenir le lendemain.

Le délit fut prouvé par trente témoins, qui n'avaient suivi les détenus que par curiosité, mais qui furent enchantés d'être comptés pour quelque chose. Un porteur d'eau, admis à parler, n'importe comment, à un juge, se croit fort au-dessus de ses camarades, qui ne vont jamais au delà de la cuisine. Il les dédaigne ; il ne voit plus que lui : l'égoïsme est de tous les états. On a déposé que la brocheuse est moulue de coups. L'auteur a le bras droit cassé, et le juge ne laisse pas échapper cette occasion de faire remarquer à l'auditoire qu'il est une justice cachée, mais sûre, qui, dans mille circonstances, punit le crime sur la partie qui a péché. Il était convaincu, depuis quelques jours, de la vérité de cette assertion : une petite blanchisseuse était l'instrument dont cette justice cachée avait jugé à propos de se servir. L'imprimeur s'est tiré de ce mauvais pas avec trois dents cassées, deux côtes enfoncées et un œil arraché, que le chirurgien de l'arrondissement s'occupe alors à replacer proprement dans son orbite.

Interrogés sur les motifs qui les ont portés à de telles violences, les accusés déclarent ne pas connaître ceux sur qui ils les ont exercées. « Point d'effet sans » cause ! s'écrie le magistrat. Si la haine » ou le vol n'ont pas dirigé les coups, » une main secrète a armé vos bras. » Quelle est-elle ? »

Il n'y a pas de coterie qui n'ait son bel-esprit, et au besoin son orateur : celui qui était entré en pourparler avec Moufflard, lorsqu'il marchandait les coups, crut, pour l'intérêt commun, devoir prendre la parole. Il répond au juge qu'il est prêt à tout déclarer ; mais qu'il est des noms qu'on ne doit jamais compromettre, et qu'il ne parlera que lorsque la foule sera retirée. Deux motifs avaient dicté cette réponse. Le premier était d'inspirer de la bienveillance au juge par de la franchise et de la docilité ; le second, de se retrancher derrière un grand personnage, dont très probablement on craindrait de faire mention au procès.

Vous savez qu'on s'est assuré des mains de ces messieurs, au moment où on s'est saisi de leurs personnes. Un tête-à-tête n'a donc rien d'effrayant pour le juge, et il fait retirer les témoins. L'orateur reprend la parole. Il s'étend sur la brochure, sur l'audace de son auteur, sur les calomnies qu'elle renferme, et après quelques mouvemens oratoires, qui eussent été d'un certain effet à la Halle, il finit en disant que lui et son camarade ont été les agens de monseigneur de Versac.

Le juge réplique : il loue avec complaisance la philantropie bien connue de l'excellence; il en cite des traits irrécusables, mais un sourire imperceptible annonce qu'il n'est pas convaincu de ce qu'il a avancé : la vérité perce tôt ou tard; Tartufe ne trompait qu'Orgon. Le magistrat termine l'éloge, qu'on doit à quiconque est élevé.... jusqu'à ce qu'il descende, en demandant à l'accusé la preuve de ce qu'il avance.

L'accusé n'en peut donner aucune. Mais il atteste qu'un petit monsieur, qui demeure dans telle rue et à tel numéro, en donnera sans doute, parce que c'est lui qui a dirigé l'expédition, et qui a payé les coups. L'inculpation n'était pas généreuse ; mais dans cette position critique, *le primò mihi* devait prévaloir. En parlant de nos coquins, Moufflard avait dit : que m'importe ? ils répétaient à leur tour ce mot, que pensent tant de prétendus honnêtes gens, qui n'osent encore le proférer tout haut. Cela viendra peut-être.

Le juge ordonne qu'un commissaire de police se rendra de suite au domicile de Moufflard ; qu'il l'interrogera ; qu'il visitera ses papiers, et qu'il se conduira d'après les circonstances. Il fait mettre nos fripons sous les verroux, et il rentre à son domicile, une heure avant celle où l'ouvrier laborieux sort de chez lui.

Le commissaire désigné s'était marié la veille. Il jouissait des douceurs d'un repos que peut-être il avait mérité. Obligé de céder à un ordre supérieur, il se lève, en murmurant; mais enfin il se lève. Un commissaire qui a de l'humeur, est doublement redoutable. Celui-ci prend trois ou quatre hommes au premier corps-de-garde. Il va frapper à la maison où repose Moufflard, très décidé à se venger d'avoir été interrompu dans des fonctions, bien autrement agréables que celles qu'il va remplir en ce moment.

Moufflard, étendu dans un assez bon lit, rêvait protection, faveurs, fortune. Monseigneur lui souriait, lui prenait la main, l'invitait à dîner, lui promettait une division. S'il est vrai que le bonheur est fils de l'imagination, Moufflard était complétement heureux. Il ne l'était qu'en songe à la vérité; mais c'était l'être au moins pour un moment. Eh! ne rêvons-nous pas tout éveillés un bonheur auquel nous savons que nous ne parviendrons jamais? Un importun nous parle; l'illusion se dissipe, et notre imagination nous rend au sentiment des maux auxquels elle venait de nous soustraire. Oh! c'est une belle chose que l'imagination !

Moufflard s'éveille en sursaut, au bruit des coups qui vont faire voler sa porte en éclats. Ce n'est plus le favori de Plutus, qui répond et qui ouvre d'après des sommations réitérées. C'est un pauvre diable, en chemise, qui ne sait encore ce qu'on lui veut, et que terrifie déjà l'air rébarbatif du commissaire.

Le commissaire s'est emparé de la chambre. Il tire de sa poche l'écritoire et le papier marqué qui font pâlir jusqu'à l'innocence ; il interroge, il interpelle, il écrit, tout à la fois : il n'a pas de temps à perdre. Moufflard sait bien qu'on ne le condamnera pas sur la simple déposition de deux drôles, qui ne peuvent administrer contre lui aucune espèce de preuve. Il se rassure, prend un ton ingénu, joue l'étonnement, et proteste qu'il ne sait ce qu'on veut lui dire. Le commissaire lui déclare qu'il va visiter ses papiers. Moufflard sait encore qu'on ne trouvera pas une ligne qui puisse être défavorablement interprétée; il livre la clef de son secrétaire.

« Qu'est-ce que ceci ? qu'est-ce que
» ceci, s'il vous plait ? Trois montres dans
» ce secrétaire, et une quatrième à la
» cheminée ! Etes-vous horloger ? —
» Monsieur... monsieur... — Répondez.
» Etes-vous horloger ? — Monsieur....
» — Oui, ou non. Etes-vous horloger ?
» — Non, monsieur. — Pourquoi quatre
» montres ? — Monsieur.... je.... j'aime
» les bijoux. — Ah ! vous aimez les bi-
» joux ! où avez-vous acheté ceux-ci ? —
» Monsieur.... monsieur.... — Vous ne
» pouvez pas dire où vous les avez achetés ?
» Vous êtes un filou ; en prison. — Je
» vous jure, monsieur.... »

Le commissaire n'écoute plus rien. Il

termine son procès-verbal en quatre lignes; il donne à peine à Moufflard le temps de mettre son argent dans sa poche; il le conduit à la Force; il l'écroue, et rentre chez lui assez tôt pour procurer un réveil agréable à la beauté qui lui a consacré sa vie.

C'est un bon homme que ce commissaire, disait Moufflard, en s'arrangeant sur un grabat, qui doit lui coûter deux francs par nuit. Il s'imagine que je croupirai ici. Au point du jour, j'écris à monseigneur, et deux heures après je suis en liberté.

Le soleil éclaire à peine, non la chambre où Moufflard est enfermé, il ne pénètre jamais là, mais le haut du toit qu'entrevoit le captif de sa lucarne grillée, et déjà il a demandé trois fois ce qu'il faut pour écrire. Jaloux de se faire valoir, il entre dans tous les détails qui peuvent faire apprécier sa pénétration, sa prévoyance, son esprit de conduite. Il finit en exprimant le désir le plus vif d'aller, en personne, offrir à monseigneur l'hommage de son respect. Il promet douze francs au porte-clefs, si dans une heure on lui rapporte un reçu de sa lettre. Le guichetier répond que là promettre n'est rien ; que tout s'y paye d'avance. Moufflard donne les douze francs, et, selon l'usage, le geolier en chef est consulté sur ce qu'on doit faire de la lettre. Selon l'usage, le geolier va consulter le commissaire qui a écroué Moufflard, et de main en main, l'épître tombe dans celles du juge enquêteur. Un juge enquêteur est revêtu d'un pouvoir discrétionnaire, dont les bornes ne sont pas très précisément déterminées : celui-ci ouvre la lettre.

Il ne lui paraît pas vraisemblable que Moufflard osât écrire ainsi , s'il ne s'était conduit d'après des instructions positives. Cependant, fidèle observateur de l'axiome : Il faut ménager les gens en place.... tant qu'ils y sont, il monte dans un fiacre et se fait annoncer chez monseigneur. Monseigneur jouait avec son sapajou en écoutant un rapport que lui lisait un chef de division ; il dit ensuite quelques mots à son maître d'hôtel. Il parcourut l'article *Paris* de deux ou trois journaux, et ne sachant plus que faire, il fit introduire le magistrat qui, depuis une heure, se promettait bien de faire faire antichambre à son tour, si jamais il devenait chancelier.

Le juge débute par des protestations de dévouement et de respect : il prouve l'un et l'autre en présentant à monseigneur une lettre, évidemment remplie de faussetés, qui n'a pu être écrite que dans un moment de délire, et sur laquelle cependant il vient prendre les ordres de son excellence. L'excellence lit

la lettre d'un air dédaigneux : « Ce Mouf-
» flard, dit-il au juge, est un fripon
» que j'ai chassé, il y a trois jours, de
» mes bureaux, pour cause de malversa-
» tion. — Un commissaire de police m'a
» dit, ce matin, l'avoir arrêté, nanti de
» quatre montres dont il n'a pu justifier
» l'acquisition légitime. — Vous sentez,
» monsieur, que les allégations d'un co-
» quin ne sauraient m'atteindre. — Non,
» monseigneur.

» Que peut contre le roc une vague animée ?
» Hercule tomba-t-il sous l'effort du Pygmée ?
» L'Olympe voit en paix fumer le mont Etna.

» — Monsieur, vous êtes un homme de
» mérite. Faites-moi le plaisir de venir
» dîner avec moi. »

Allons, allons, se disait le juge, en
sortant, il est clair que Moufflard n'a
pu penser à faire bâtonner l'auteur d'une
brochure qui ne le regarde en rien. Que

8**

lui importe qu'on dise du bien ou du mal du patron ? Où aurait-il pris, d'ailleurs, l'argent qu'il a donné aux battans ? Monseigneur, au contraire, a un intérêt très réel à nier les ordres que je crois qu'il a donnés. Son invitation, très prompte, faite d'un ton très aimable à un simple magistrat, ne signifie-t-elle pas qu'il désire, qu'il espère être ménagé dans les débats ? Ma foi, je prendrai son dîner et je le ménagerai : j'ai un neveu, sergent dans la légion de la Loire. Je peux avouer un neveu officier ; mais un sergent ! Le procès de Moufflard lui vaudra la sous-lieutenance. Ce juge-là n'est pas égoïste, hem ?

Les journaux annoncèrent tous que le protecteur, l'ami, le père de ses employés avait été obligé de renvoyer de ses bureaux le nommé Moufflard, pour cause d'infidélité et de collusion avec un fournisseur. Le délit et la punition n'étaient rendus publics que pour l'exemple, et pour dispenser l'excellence d'avoir désormais à sévir contre des subordonnés qu'elle porte dans son sein.

Quoi que puisse dire Moufflard à l'audience, il sera clair qu'il n'agit que par esprit de récrimination. Il ne produira aucun effet sur des auditeurs déjà prévenus contre lui.

On n'a pas pensé encore à instruire les détenus dans l'art d'employer utilement le temps en prison. Les uns sifflent, les autres chantent, ceux-là s'enivrent, ceux-ci cherchent des moyens plus sûrs de voler les passans, quand ils seront remis en liberté. Moufflard, oisif comme les autres, mais pouvant se procurer quelques adoucissemens, lisait exactement les journaux. L'article dont je viens de parler, le mit en fureur. « Ce n'est pas assez, s'écria-t-il, de ne » pas me faire mettre en liberté ; il m'ôte

» ma place au moment même où il sait » que je ne m'occupe qu'à le servir! Les » hommes sont des ingrats, des perfides, » des....» Hé, mon ami Moufflard, ne vous échauffez pas. Ouvrez le bon La Fontaine : vous y verrez ce qu'on gagne à tirer les marrons du feu.

Le procès ne fut pas long. Les deux filous rejetèrent constamment sur Moufflard le guet-à-pens que dame Justice leur reprochait; mais comme dame Justice n'a pas égard aux mauvaises excuses, qu'elle juge sur les faits; qu'il était constant que l'auteur, l'imprimeur et la brocheuse avaient été fortement bâtonnés, et que les blessures étaient graves, les délinquans furent condamnés à un an de prison.

Moufflard ne cessait de parler de monseigneur, ni M. le président de le ramener aux trois montres. Ces montres avaient été réclamées et reconnues par

ceux à qui on les avait escamotées. Moufflard avait été trouvé nanti; voleur ou re-
céleur, il était certainement coupable. Le
jury le déclara atteint et convaincu. On
lui notifia qu'il expierait, aux galères, le
crime qu'il n'avait pas commis ; et voilà,
quelquefois, comment on rend la justice.

 Le juge enquêteur avait cessé d'être
quelque chose, du moment où les débats
avaient commencé. Il ne pouvait plus
être utile à monseigneur, et son neveu
resta sergent. Le juge avait, ce qu'on
appelle des amis. Piqué de la conduite
de Versac, il leur parla, à l'oreille, de
la part directe que très vraisemblable-
ment l'excellence avait prise au châti-
ment infligé à l'auteur et aux colporteurs
de la brochure. Ces amis avaient aussi
des amis, à qui ils parlèrent à l'oreille;
et d'oreille en oreille, la réputation de
Versac s'ébranlait, et il ne s'en doutait
pas.

CHAPITRE VIII.

Mme. de Versac et Julie.

Versac avait rempli avec exactitude les conditions du traité que lui avait dictées son ami : le mot brochure faisait sur lui l'effet que produit l'eau sur un hydrophobe, et une brochure de d'Alaire l'eût en effet perdu sans retour. Mme. de Versac ne comprenait rien à son changement de situation ; mais elle vivait tranquille auprès de Blois, avec sa fidèle Alexandrine et un vieux domestique, qui était à la fois son cuisinier, son cocher et son jardinier-fleuriste. Les dames de Blois devaient embellir sa solitude et lui faire une cour assidue. Mme. de Versac avait peu de vanité ; elle en avait cependant, et ces hommages, auxquels elle n'était pas accoutumée, la flattaient singulièrement.

Si elle avait eu l'expérience de d'Alaire, elle aurait pensé que c'était la femme d'un homme en place, et non Emilie d'Anglure, qu'on fêtait, qu'on caressait. Emilie d'Anglure ne s'interrogeait pas directement sur le plus ou le moins de mérite qui lui donnait des courtisans, sur les vues particulières, qui pouvaient les diriger. Elle jouissait, sans se demander compte de rien. Alexandrine jouissait de son côté des marques de déférence que lui accordaient les femmes de chambre provinciales ; les cochers cédaient toujours le pas au maître Jacques de Mme. de Versac ; tout le monde était content.

Mais ce chien d'égoïsme cesse-t-il jamais d'être prévoyant, actif, entreprenant ? Parmi les femmes qui composaient le cercle d'Emilie, on aurait vainement cherché celle d'un homme de robe, d'un négociant, d'un financier. C'était celle d'un chevalier de Saint-Louis qui voulait une pension, à laquelle il n'avait que des droits équivoques; c'était la mère d'un jeune gentilhomme, à qui il fallait une sous-lieutenance, et qui ne savait pas encore sur quelle épaule se porte un fusil; c'était l'épouse d'un officier, qui avait perdu une jambe, par suite d'une chute faite à la chasse, et à qui on devait une retraite; c'était une demoiselle, très éprise d'un capitaine, à qui ses parens ne la voulaient donner que lorsqu'il serait chef d'escadron; c'était, c'était..... Que sais-je, moi?

Vous sentez bien qu'aux premières visites ces dames ne s'occupèrent que du soin de paraître aimables : il faut d'abord disposer favorablement ceux qui dispensent les grâces, quand on veut leur en demander? Le métier de solliciteur a sa tactique comme un autre. Bientôt vinrent des insinuations, un peu indirectes, à la vérité. Aux insinuations succédèrent des mots jetés çà et là, mais dont le sens était facile à saisir. Enfin les demandes, directes, positives, furent présentées par écrit, et chaque supplique était recommandée à la bienveillance, à la haute protection de madame.

Alexandrine avait aussi son petit cercle dans sa chambre. On y jouait à différens jeux, et les sirops de groseille et d'orgeat de madame circulaient avec une certaine abondance. On causait quelquefois, et jamais Alexandrine ne manquait de s'emparer de la conversation. On l'écoutait avec un intérêt prononcé; on se récriait souvent sur sa grande facilité, sur la variété de ses récits, et Alexandrine ne se doutait pas qu'on payait en éloges les sirops de sa maîtresse. Le cœur humain est le même partout et dans toutes les classes. Il est un instinct d'intérêt personnel que l'éducation masque et que rien ne peut étouffer.

Un beau jour, ou un beau soir, Alexandrine, exaltée par la louange, céda au désir d'en mériter de plus flatteuses, et voulut s'essayer dans le genre pathétique. Toujours très réservée sur ce qui avait rapport à sa maîtresse, elle se laissa entraîner. Elle parla de l'attachement romanesque de Mme. de Versac pour tous ses devoirs; des torts graves de son mari; de leur séparation, ménagée, elle ne savait par qui, mais à laquelle monseigneur n'aurait jamais consenti, s'il n'y eût été forcé : il lui fallait une victime. Les mouchoirs rouges et bleus sortirent des sacs de serge verte et amaranthe. Alexandrine eut le plaisir de voir couler des larmes que son éloquence avait réellement arrachées. Mais plus l'effet en avait été fort, et plus les impressions devaient être durables. Elles n'étaient pas éteintes, lorsqu'on rentra dans les murs de Blois, et les femmes ont, disent-elles, un cœur, une imagination expansive que rien ne peut arrêter : c'est un torrent qui rompt toutes les digues qu'on lui oppose. Le soir même, toutes ces dames surent ce que des soubrettes avaient appris au château, et le lendemain, toute la ville répétait que Mme. de Versac n'était qu'une femme maltraitée, abandonnée, exilée par son mari. On parut d'abord s'attendrir sur son sort; c'est l'usage. Mais bientôt ce fut Emilie d'Anglure qu'on jugea. On convenait qu'elle avait été jolie; mais elle ne l'était plus. Sa taille était désagréable, et par conséquent elle avait un maintien gauche. Elle n'était pas sans esprit; mais sa conversation avait quelque chose de sec, de froid, qui inspirait de l'éloignement, et on s'éloigna en effet. Emilie se trouva seule avec Alexandrine, et elle en fut étonnée. Elle ignorait qu'on ne se soumet pas, sans motifs, à faire deux lieues tous les jours, et qu'à Blois, comme ailleurs, on n'est mu que par l'intérêt personnel.

Cependant cette Emilie, qu'on jugeait rigoureusement pour n'avoir plus de soins inutiles à lui rendre, était une femme estimable. La solitude, à laquelle on l'abandonnait, lui permit de développer des talens et des qualités. Oubliée du petit grand monde de la ville, elle reçut bientôt les bénédictions des paysans, qui se pressaient sur ses pas. Elle avouait, avec attendrissement, n'avoir jamais connu ces jouissances pures, les seules désirables, les seules dignes d'un être pensant.

D'Alaire lui aurait dit : Vous avez reçu avec ivresse des hommages vides de sens, parce qu'ils flattaient votre vanité. Ennuyée de votre isolement, vous vous êtes tournée vers vos villageois, et vous leur faites du bien, parce qu'il faut faire quelques choses. Cessez de répandre des bienfaits, abandonnez ces paysans, ils vous délaisseront, comme ces dames vous ont quittée, du moment où elles ont été convaincues que vous ne pouvez rien pour elles. Il n'y a que de l'égoïsme dans ce monde.

A propos d'égoïsme et de d'Alaire, retournons à Paris. Que pense, que dit, que fait cet homme, qui ne veut pas entendre le mot vertu, et dont la vie n'est qu'une suite de bonnes actions?

Il regardait comme son ouvrage le repos dont jouissait Mme. de Versac. Il écoutait le langage égoïste qu'affectait Mme. Bernard, et il lui souriait de loin en loin. Il donnait toute son attention à Julie, quoiqu'elle eût la sotte manie de voir en lui un homme de bien. La contradiction ne l'irritait plus, quand cette jolie bouche en était l'organe. Quelquefois il sentait sa faiblesse ; il rougissait, se levait, faisait deux tours, et venait se rasseoir près de la jeune personne. Il passait avec elle la plus grande partie du jour. Il ne s'apercevait plus des privations auxquelles il s'était soumis pour la sauver. Il était aussi heureux que notre pauvre organisation le comporte.

Ne croyez pas qu'il passât le temps à dire à Julie de ces niaiseries qui plaisent tant aux femmes superficielles. Il s'était d'abord aperçu que Mme. Mauret avait donné beaucoup plus de soins à la beauté de sa fille qu'à la culture de son jugement et de son esprit. Julie était encore l'enfant de la nature. Elle ne savait rien, et par conséquent elle n'avait pas d'idées fausses à rectifier. Il faut purger un champ des herbes parasites avant de chercher à le fertiliser. Le cœur de Julie était disposé à recevoir les impressions heureuses qu'on voudrait lui communiquer, et d'Alaire se fit son précepteur.

Il n'était pas savant, et il n'aurait cédé à personne le plaisir d'instruire sa pupille. Quand elle était rentrée chez elle, il préparait sa leçon du lendemain. Il croyait la voir, lui parler encore, quand il s'occupait d'elle. Le matin, il attendait, avec impatience, le moment où les convenances permettaient à l'aimable enfant de paraître. Mme. Bernard était toujours présente. D'Alaire l'avait ordonné ainsi; il le voulait sincèrement.

On se mettait à une petite table ronde. Les petites tables ont cet avantage qu'on y est près les uns des autres. Un déjeuner, dont la cordialité et une gaieté décente faisaient les honneurs, commençait la journée. L'étude venait ensuite, et on s'occupait d'abord de la grammaire française. Le comte était persuadé que les livres sont faits pour les maîtres, et il ne cherchait pas les plus volumineux. Les plus petits, selon lui, sont les plus clairs, et il faut bien se garder de faire lire à un élève ce qu'il ne peut comprendre. Il lisait, deux fois, trois fois, une règle à Julie. Il lui dictait une phrase, dans laquelle se trouvait l'application de cette règle. Il ne s'attachait qu'au mot qui s'y rapportait, et il se taisait sur les autres fautes : il savait que Julie les corrigerait d'elle-même, à mesure que d'autres règles les lui feraient connaître. Cette méthode fait honneur à l'esprit d'un homme de qualité. Elle en ferait même à un maître de profession.

D'Alaire croyait encore que l'étude de la géographie n'est qu'une nomenclature, difficile à retenir, et tout à fait insignifiante, quand on ne l'applique pas à son véritable objet. Une carte, à côté du livre, sur laquelle Julie aurait promené son doigt, ne lui paraissait pas suffisante; il y joignait l'histoire. Il pensait qu'un trait historique a l'avantage d'amuser l'élève en l'instruisant, et grave dans sa mémoire le nom et la situation du lieu où l'événement s'est passé. Ainsi Julie apprenait à la fois la grammaire, la géographie et l'histoire. Etonnée de ses progrès, pleine de reconnaissance envers son bienfaiteur, elle exprimait quelquefois ses sentimens avec une franchise, une candeur, un abandon qui avaient bien quelques dangers pour son instituteur. D'Alaire retirait vivement sa main, que caressait celle de Julie; il se tournait précipitamment, pour ne pas voir ses grands yeux bleus, dont l'expression l'effrayait. Il causait un moment avec Mme. Bernard, et il revenait s'exposer à de nouveaux périls.

Il n'avait pas négligé les arts agréables;

mais il n'était ni peintre, ni musicien, ni danseur. Il avait été obligé de prendre des maîtres; mais lui et Mme Bernard assistaient aux leçons. Il avait établi cette règle. Il l'avait rendue obligatoire, invariable.

Dans les intervalles d'un exercice à l'autre, on montait dans un fiacre, on allait au bois de Boulogne ou de Vincennes. D'Alaire avait dans sa poche un volume de botanique ou d'histoire naturelle. Madame Bernard portait son grand sac de taffetas vert. Elle y recevait telle plante que la jeune personne avait cueillie; tel insecte ailé qu'elle avait pris à la course. Tout lui paraissait plaisir dans ces promenades, et elle rentrait à l'hôtel, sachant toujours quelque chose de plus que lorsqu'elle en était sortie.

Quelquefois on faisait mettre le dîner dans le fiacre. Après avoir bien couru, on s'asseyait à l'ombre d'un vieux chêne,

Les viandes étaient froides, le vin était chaud; on eût été très fâché de dîner ainsi tous les jours; mais on sortait de ses habitudes, et la nouveauté a du charme pour tous les âges. D'Alaire trouvait ces petites parties fort agréables.

Quelquefois aussi on se permettait le spectacle. L'instituteur était difficile sur le choix des pièces: la Femme juge et partie, le Mariage de Figaro, le petit Chaperon rouge, etc., etc., étaient rayés de son répertoire. Julie n'entendait sur la scène que ce que le comte aurait pu lui dire lui-même. On n'était pas foulé à ces représentations-là; mais Julie n'en connaissait pas d'autres, et

On ne peut désirer ce qu'on ne connaît pas.

En s'amusant, elle se formait le goût, elle apprenait à connaître le monde, et c'est ce que d'Alaire voulait.

Mais le monde était-il bien connu de lui ? avait-il pu supposer qu'on se tairait en le voyant vendre ses chevaux, mettre son carrosse sous la remise, supprimer ses dîners, rompre enfin avec ceux qu'il voyait tous les jours ? Un changement aussi prompt qu'extraordinaire, a nécessairement une cause du plus haut intérêt, et pique singulièrement la curiosité.

On avait pour le comte la considération que commandaient ses qualités, et la raison en est simple : l'homme de bien est utile à la société, et la société est intéressée à multiplier de tels êtres ; elle les élève à leurs propres yeux ; elle les décore de titres imposans. Ce sont des encouragemens propres à faire de nouveaux prosélytes, c'est-à-dire des gens disposés à établir leur bonheur sur celui des autres. Tout cela est très bon en soi ; mais voilà ce que le comte veut à toute force appeler égoïsme, du côté de la sosiété et du sien. Que puis-je faire à cela ?

Cependant la considération était tombée dans la proportion de la nullité à laquelle on supposait que d'Alaire s'était réduit. Les gens curieux, et il y en a beaucoup, cherchaient à savoir ce qui se passait dans l'intérieur de son hôtel. Un domestique fait aisément parler un camarade. Ces gens-là sont toujours disposés à se dédommager de leur infériorité, en dénigrant leurs maîtres. On dit bientôt dans tous les cercles que d'Alaire était passionnément amoureux d'une petite fille qu'il avait achetée trente mille francs à sa mère ; qu'il l'aimait au point de passer sa vie entière avec elle ; qu'il en était jaloux jusqu'à ne pas souffrir qu'elle sortît sans lui de son hôtel ; qu'il avait réformé son train pour la couvrir de diamans, dont il ne lui permettait de se parer que pour lui et chez lui. On convenait en riant que le comte était réellement devenu égoïste, et on ne le désigna plus que par cette qualification, qu'il ambitionnait depuis si long-temps. Versac n'osait pas détromper le public; mais il aimait à voir descendre tout ce qui valait mieux que lui.

D'Alaire, fort de sa conscience, de la pureté de ses intentions, du bien qu'il faisait chaque jour, n'avait pas réfléchi un moment à ce qu'on pouvait dire et penser de lui dans le monde. Il se couchait après avoir bien rempli sa journée; il se levait après avoir dormi du sommeil le plus tranquille, et il se disait : Combien je suis heureux du bonheur de cette enfant, de celui que je lui prépare ! Je fais plus que lui avoir donné le jour; je la rends respectable, et j'ajoute à sa beauté ce que l'instruction et les talens ont de charmes. Elle n'a pas encore d'expérience; elle nomme ce que je fais pour elle bonté, générosité, vertu. Je ne dispute pas sur l'acception des mots avec une enfant. Mais si elle était tombée en d'autres mains, qu'on la comblât de bienfaits, qu'on l'aimât comme moi, avec le désintéressement le plus absolu, prendrais-je la moindre part à sa félicité ? Non, sans doute. Ici, au contraire, le sourire paraît-il sur ses lèvres ? c'est moi qui l'y ramène ; son cœur sensible s'épanche-t-il dans le mien ? j'entends l'expression des sentimens que j'ai fait naître. Je me complais, je m'admire dans mon ouvrage. Donc je suis un égoïste.

Un homme de cinquante ans n'est pas jeune. Mais ces entretiens de toutes les journées, ces épanchemens d'un cœur sensible, ces regards, expression de la vive, de la tendre reconnaissance, ne sont-ils dangereux que pour la jeunesse ?

On était dans les beaux jours de l'année. On avait dîné et le soleil était sur son déclin. On tenait le siècle de Louis XIV. Cet ouvrage où Voltaire a tout peint en grand, jusqu'aux faiblesses du monarque, dont le style séduit, entraîne, jetait Julie dans une sorte d'enchantement. Le jour lui manquait et elle ne pouvait se détacher du livre. D'Alaire lisait avec elle, et pour lire quelque temps encore, il avait fallu se placer contre une croisée. L'embrasure était étroite, les épaules se touchaient. La tête du comte était immobile ; celle de Julie s'en approchait, s'en éloignait, s'approchait de plus près encore ; une haleine pure et fraîche se confondait quelquefois avec celle du comte. Julie était calme, d'Alaire était troublé ; il ferme le livre. Julie lui arrête la main, et celle de l'aimable enfant est, je ne sais comment, fixée dans celle d'Alaire ;

son trouble augmente, et peut-être il commence à être partagé.

D'Alaire a encore la force de penser, et même de réfléchir. Il repousse cette main qu'il pressait avec délire; il s'élance, il fuit à l'extrémité de son salon ; il s'arrête, accablé, anéanti. J'ai manqué de respect envers l'innocence, se disait-il avec amertume. J'ai eu, un moment, le désir, la volonté même d'en triompher!... Qui, moi! j'abuserais de tous les avantages que me donnent sur Julie ma position et les circonstances! Je la replongerais dans l'abîme dont je l'ai tirée! Je ne serais plus qu'un misérable séducteur! J'ai pu avouer hautement tous les actes d'égoïsme que j'ai faits; mais celui-ci!...

Madame Bernard travaillait à quelques pas des acteurs de cette scène. Elle n'avait rien vu. Elle ne se doutait pas de la violence des sensations qui agitaient le comte; elle ne remarquait pas Julie, rêveuse et pensive, tenant machinalement ce livre dont elle avait cessé de s'occuper. Julie n'était pas dans son état ordinaire. Elle s'interrogeait sur ce qu'elle éprouvait ; elle ne pouvait s'en rendre compte.

Madame Bernard fait venir des bougies, qu'elle aurait pu demander plutôt. L'éclair précède le domestique qui les porte. Le tonnerre gronde ; la violence du coup effraie madame Bernard et Julie. La bonne dame ferme les yeux, et les couvre de son mouchoir. Julie cherche un asile auprès d'elle, et l'être dont elle sollicite l'appui a besoin lui-même d'être encouragé. Un second coup, plus fort que le premier, ajoute à la frayeur, trouble toutes les idées, égare le jugement. Julie est dans les bras du comte ; sa tête repose mollement sur son épaule ; sa joue touche la sienne ; elle ne sent, elle ne voit plus rien. « O vertu ! s'écrie

» le comte, ne m'abandonnez pas! » Cette exclamation rend Julie à elle-même. « Vous reconnaissez donc enfin qu'elle » existe cette vertu, dont vous êtes la » touchante image. » Julie est heureuse, pendant quelques secondes, du retour que d'Alaire vient de faire sur lui-même; mais elle ne soupçonne pas ce qui a pu porter le comte à proférer ce mot, qu'il a constamment rejeté. Le ciel est en feu; les coups de tonnerre se succèdent avec une rapidité qui ébranle d'Alaire lui-même. Julie n'est plus dans ses bras; c'est elle qui l'enlace, qui le presse dans les siens. D'Alaire va succomber; un coup épouvantable arrache un nouveau cri à Julie : « O mon père, secourez-moi! — Ton » père! ton père!... ce mot nous sauve » l'un et l'autre.... Votre père.... Oui, » Julie, je le suis, je veux l'être, je le » serai. » Il prend sa fille; il la porte sur un divan; il l'y dépose; il la laisse; il fuit dans son appartement; il s'y enferme; il tombe dans un fauteuil, tourmenté, accablé de remords.

La confusion, la violence de ses idées ne lui permettent de s'arrêter à aucune. Il est coupable; voilà tout ce qu'il sent, tout ce qu'il peut juger. La lumière argentine de la lune pénètre à travers ses rideaux. « Le ciel est pur, dit-il; Julie » a cessé de souffrir, et moi…. moi !… » Les premiers rayons du soleil frappent ses yeux, et il est encore dans son fauteuil. La fraîcheur du matin calme ses sens et sa tête. Il peut réfléchir avec un certain calme aux périls passés et aux dangers à venir. « Il faut fuir, dit-il, il le faut; il » faut m'éloigner d'elle….. m'en éloi- » gner !…. »

Il combat et le penchant qui l'entraîne, et le seul moyen de le surmonter. A peine a-t-il pris une résolution, qu'elle est détruite par une autre. « Tout pour

» Julie, tout pour elle ! s'écria-t-il enfin.
» Elle restera pure, et moi je souffrirai.
» Ces souffrances mêmes seront-elles
» sans douceurs ? Ne serai-je pas fier de ma
» victoire ? Ne me réconciliera-t-elle pas
» avec moi ? Dans cette circonstance en-
» core, mon égoïsme obtiendra les éloges
» de quiconque pourra l'apprécier. »

Il va éveiller son valet de chambre ; il le fait lever. Il lui ordonne de faire une malle à la hâte, et de l'attacher derrière sa chaise de poste. Pendant que ces dispositions s'exécutent, il écrit à madame Bernard qu'une affaire importante, inattendue, l'appelle dans ses terres de Basse-Bretagne. Il lui laisse tous ses pouvoirs pour diriger sa maison. Il finit en lui disant que son absence ne sera pas longue, et en lui recommandant Julie avec le plus vif, le plus tendre intérêt.

Il ne peut se refuser au plaisir de parler encore à l'aimable enfant dont il va s'éloigner. Il écrit, il déchire ; il écrit encore.... Cette seconde lettre est en morceaux. « Ce n'est pas ainsi, dit-il, » que doit s'exprimer un père. Julie ne » lira que ce que j'ai écrit à madame Bernard. Cela suffira pour lui prouver » qu'elle est toujours présente à ma pen- » sée. » Il envoie chercher des chevaux ; il monte en voiture ; il part, et tout repose encore dans l'hôtel.

L'émotion que Julie avait éprouvée la veille n'avait été que passagère, et ne pouvait troubler son repos. Elle dormait du sommeil de l'innocence : ce sommeil-là ajoute un charme de plus à la beauté. Madame Bernard avait l'habitude de se lever de bonne heure. Elle donnait à tout un coup d'œil rapide et sûr. Elle rassemblait les domestiques ; elle prescrivait à chacun ce qu'il ferait dans la journée; elle donnait une heure à ses petites affaires personnelles, et elle se présentait au déjeuner.

L'ordre devait être un peu interverti ce jour-là. Elle est à peine sortie de chez elle, qu'on lui remet la lettre du comte. Elle ne conçoit pas qu'il ait quelque chose à lui écrire. Une crainte vague l'agite; elle regarde, elle tourne, elle retourne cette lettre; elle rompt le cachet. Il est entraîné, se dit-elle, par une affaire importante, inattendue, dont il ne m'a pas parlé hier soir, et qu'il n'a pu connaître cette nuit. Il y a là-dessous quelque chose d'extraordinaire. Vous savez que madame Bernard aime à causer.

Elle rentre chez elle; elle passe dans la chambre de Julie. Elle se livre un moment au plaisir de contempler ce mélange heureux de lis et de roses, ce calme parfait de l'âme, qui se peint dans chaque trait. Après avoir rendu un hommage sincère à ce petit chef-d'œuvre de la nature, elle cède à l'habitude dominante; elle éveille Julie, s'assied sur le pied de son lit, lui remet la lettre du comte, et ne lui dit qu'un mot : il est parti. Mais de quels développemens ce mot est susceptible ! à combien de conjectures il donnera lieu ! quelle source intarissable de caquetage va naître de ce mot-là !

Julie lisait en se frottant les yeux. Elle s'arrêtait à la fin de chaque phrase. Elle marquait son étonnement; elle demandait à Mme. Bernard l'explication de ce qu'elle ne comprenait pas, et madame Bernard parlait, parlait.... pour ne rien dire du tout. Julie arriva enfin à ces recommandations, si fortes et si douces, si tendres et si paternelles à la fois. Ses grands yeux bleus se remplirent de larmes d'attendrissement et de reconnaissance. Elle étudiait toutes les expressions qui se rapportaient à elle ; elle les méditait ; elle n'entendait plus Mme. Bernard.

Elle relut cette lettre tout entière. « Oui, dit-elle, il y a quelque chose » d'extraordinaire. — D'incompréhen- » sible. — M. le comte se fût expliqué » sur la nature de cette affaire, si elle » lui était avantageuse. — Il sait quelle » part nous prenons à ce qu'il lui arrive » d'heureux. — Il se tait : donc il est af- » fligé. — Ma chère Mme. Bernard, il » faut lui écrire. — Sans doute. — Lui » offrir nos consolations. — Nos soins, » mon enfant. Je n'aime pas la campa- » gne, mais je serais bien aise de voir sa » terre de Basse-Bretagne. Vous écrirez, » Julie. J'ai quelques talens ; mais j'ai » toujours négligé le style épistolaire. » — Hé, madame ! n'est-ce pas avec son » cœur qu'on écrit à ceux qu'on aime ? » — A la bonne heure ; mais à votre âge,

» les idées sont plus abondantes, plus
» fraîches, plus aimables. Vous écrirez,
» vous écrirez, et pour que vous ne vous
» ennuyiez pas, je vous conterai une his-
» toire pendant que vous laisserez courir
» votre plume. »

Mme. Bernard va demander le déjeuner : certains chagrins, de convention peut-être, ne font pas négliger les choses essentielles. Julie s'habille lentement. Elle s'arrête à chaque instant; à chaque instant elle relit les dernières lignes de la lettre du comte, et de nouvelles larmes s'échappent de ses yeux. Elle passe dans cet appartement où chaque jour d'Alaire l'attendait, qu'il vivifiait par sa présence. Elle en fait tristement le tour. « Il n'y est plus, dit-elle, en soupirant. » Elle retrouve ce livre qu'ils tenaient ensemble la veille. Elle le prend, l'ouvre et soupire encore. Elle le remet sur la table en disant : « Ne le lirai-je plus avec lui ? »

Julie mange peu et garde le silence. Mme. Bernard mange bien, quoiqu'elle parle beaucoup : il est des gens qui savent tout concilier. Julie regardait autour d'elle ; elle semblait dire : Où est-il ? Les yeux de Mme. Bernard se portaient de son assiette aux plats, et des plats à son assiette. De temps en temps elle revenait sur le départ précipité du comte ; sur les raisons qui avaient pu le déterminer ; sur le besoin qu'il devait éprouver d'épancher son cœur dans celui de quelqu'un qui pût l'entendre et lui répondre ; sur le désir qu'elle avait de visiter la terre de Basse-Bretagne. Elle ajoutait que l'air de la campagne leur ferait le plus grand bien à toutes deux. N'y a-t-il pas dans tout cela une petite teinte d'égoïsme ?

Julie était très attentive, quand madame Bernard parlait du comte. Elle croyait aussi que l'air de la campagne, de la Basse-Bretagne surtout, lui serait bon. Mais elle ne répondait que par ces mots, plein de sens : Si M. le comte voulait nous avoir près de lui, sa lettre vous le dirait.

Tout finit, et Mme. Bernard se décida à quitter la table. Le comte n'avait pas défendu qu'on lui écrivît, et Julie se mit à son secrétaire. N'est-ce pas avec son cœur, a-t-elle dit, qu'on écrit à ceux qu'on aime ? Son cœur seul parla dans une lettre de quatre grandes pages, qui furent remplies d'un seul jet. Ce que l'attachement a de plus sincère et de plus vif; ce que la reconnaissance a de plus touchant; des plaintes tendres et douces du secret qu'avait gardé le comte sur son départ, animaient cette feuille de papier, une heure avant inerte et sans vie, maintenant riche d'expressions et de sentimens.

Pendant que Julie écrivait, Mme. Bernard, toujours fidèle à sa parole, contait des histoires. L'être fortement préoccupé est tout à ce qu'il fait. Julie n'a pas eu de distractions ; sa lettre est charmante. Quel bien et quel mal à la fois elle doit faire au bon, au généreux, au trop sensible d'Alaire !

Julie errait dans cet appartement, où elle semblait chercher ce qu'elle n'y pouvait plus rencontrer. Elle regardait tous les meubles ; elle s'arrêtait devant ceux dont s'était servi le comte. Elle s'en approchait ; elle les touchait ; elle croyait y trouver encore quelque chose du protecteur chéri à qui elle devait tout. Fatiguée de sa situation, elle essayait de s'y soustraire ; elle voulait travailler ; son aiguille s'arrêtait malgré elle. Elle jetait son ouvrage ; elle allait, elle venait, irrésolue, et toujours péniblement affectée. Un de ces cahiers sur lesquels d'Alaire écrivait les leçons qu'il préparait de la veille, se rencontre sous sa main. Elle s'en saisit ; elle le porte sur son cœur, sur ses lèvres : elle a reconquis quelque chose de son ami. Elle se jette dans un fauteuil; elle pose le cahier sur ses genoux; elle l'ouvre; elle le lit, elle le relit. Sa mémoire fidèle lui rappelle les propres termes dont d'Alaire s'est servi, en lui développant tel ou tel précepte ; elle entend les inflexions de sa voix; ses traits se présentent à son imagination exaltée; elle tressaille de plaisir.

L'amitié, la reconnaissance amènent-elles de semblables sensations, ou celles-ci sont-elles nées d'un sentiment plus tendre? D'Alaire a cinquante ans, et Julie est encore aux portes de la vie. Mais quand elle est entrée chez le comte, elle n'avait pas senti battre son cœur, et il était le seul homme avec qui elle fût en relation de travaux, de jeux, de plaisirs. D'Alaire avait toujours été sage, et il n'avait rien perdu encore de sa santé, ni même de sa vigueur. Sa figure, noble et belle, était animée par la vivacité de son esprit; la bonté, active et prévenante, s'y peignait sans cesse, surtout quand il était auprès de Julie. Est-il impossible de plaire et d'être aimé, quand on réunit tout ce qui flatte et attire un bon cœur? L'abandon de Julie pendant l'orage, celui qui règne dans la lettre qu'elle vient d'écrire, semblent prouver qu'elle ne s'est pas interrogée sur ses véritables sentimens. Peut-être aussi n'éprouve-t-elle que cette affection qui tient de près à l'amour, mais à cet amour calme, pur, innocent, auquel une jeune fille se laisse aller, parce qu'il ne fait naître ni scrupules, ni crainte. Attendons encore avant de prononcer. Quelque incident nouveau éclairera Julie. Elle ne sait pas dissimuler, et nous lirons dans le fond de son cœur.

CHAPITRE IX.

D'Alaire.

On doit se calmer à cinquante ans, puisqu'on se calme à vingt-cinq. D'Alaire était parti, assailli de réflexions, plus ou moins poignantes. Bercé sur les ressorts de sa voiture, il céda bientôt au besoin qu'il n'avait pu satisfaire la nuit précédente. Il dormit d'un sommeil profond, et il s'éveilla à Orléans.

A son réveil, il se trouva bien, très bien. Il retrouvait au fond de son cœur l'image de sa trop dangereuse pupille; mais le prestige, que les sens ajoutent aux charmes de la jeunesse et de la beauté, était entièrement dissipé. Il jugea, avec la présomption naturelle à tous les hommes, que quinze jours de séparation suffiraient pour le rendre maître de lui. Il pensa que la dissipation accélérerait sa victoire. Il décida en conséquence qu'il s'arrêterait à Blois, et qu'il passerait un jour ou deux chez madame de Versac. Il prévoyait que ce qu'il verrait, ce qu'il entendrait serait absolument étranger à Julie, et que les occupations qu'il se créerait en Basse-Bretagne, acheveraient le grand ouvrage que déjà commençait sa raison.

Emilie le reçut, non comme quelqu'un à qui on a de grandes obligations : elle ignorait ce qu'elle lui devait. Elle l'accueillit avec cordialité, parce qu'il lui avait donné des marques du plus haut intérêt. Elle n'était pas fâchée, d'ailleurs, qu'il rompît, pour quelques momens, l'uniformité de la vie qu'elle menait dans sa terre.

Elle possédait quelques talens aimables, je vous l'ai dit; d'Alaire avait des lumières et de l'érudition. Elle avait quelques livres choisis, et d'Alaire aimait les arts et la lecture. Ces deux êtres-là se convenaient à merveille. Cependant les heures ne fuyaient pas pour lui, comme celles qu'il avait si bien, ou si dangereusement employées à Paris. Ces paysans, qui allaient et venaient, dont les yeux, les gestes, les moindres mouvemens exprimaient l'attachement et la reconnaissance, ne le tiraient pas toujours de ses fatigantes rêveries, parce qu'il ne voyait que le sec égoïsme dans la bienfaitrice et dans les obligés. Une comète parut très à propos pour le détacher de la terre. Elle l'enleva dans l'espace; elle réveilla cette soif de s'instruire, qui presque toujours annonce du génie. Il court à Blois; il y trouve un opticien et un télescope passables. Il revient lire, avec Emilie, un traité d'astronomie, et ils passent une partie de la nuit à voir, d'un peu plus près, ce corps, en apparence, vagabond dans l'espace, sur lequel son livre ne lui apprend rien de positif, et par conséquent rien de satisfaisant. Il remarque que l'auteur est un égoïste, qui a voulu, qui a cru se faire un nom aux dépens de qui il appartiendrait, en donnant des conjectures pour des vérités. Il croit gagner beaucoup dans l'opinion d'Emilie, en attaquant, en renversant un système qui, comme tous les autres, a son côté faible. Emilie lui faisait remarquer qu'il substituait des hypothèses à des doutes et des raisonnemens à des probabilités. Il se frappait le front, et il s'écriait de la meilleure foi du monde qu'il était tout aussi égoïste que l'auteur qu'il combattait. L'exclamation faisait rire Emilie. D'Alaire finissait par rire avec elle. On laissait le livre pour parler de la comète d'après soi. Emilie voulait avoir aussi son petit système, et

10*

assez souvent ils parlaient tous les deux à la fois. C'était le moyen de ne pas s'entendre, et pendant ces discussions très animées, la comète suivait paisiblement sa route ellyptique.

D'Alaire n'avait qu'un moment pénible dans toute la journée : c'était celui du coucher. Dès qu'il était renfermé dans sa chambre, il oubliait l'astronomie; il redescendait sur la terre. Un soupir s'échappait, et vous prévoyez facilement qui l'arrachait, à qui il était adressé. Ces songes heureux, qui ajoutent à la douceur du sommeil, s'éloignaient de son lit. Il rêvait Julie; il s'élançait vers elle; l'inexorable vertu l'arrêtait.

Au bout de deux jours, la comète avait perdu le mérite de la nouveauté, si puissant sur tous les hommes. On l'avait lorgnée, jusqu'à se fatiguer la vue; on en avait parlé jusqu'à satiété, et à mesure que le comte s'éloignait du ciel, il se rapprochait de Julie. L'absence la rendait plus belle, plus séduisante; les souvenirs se réveillaient avec force; d'Alaire est trop près d'elle encore. Il croit qu'un intervalle de quelques lieues de plus affaiblira l'image qui le poursuit. Il prend congé d'Emilie; il remonte dans sa chaise; il est parti.

La nuit le surprend à Angers. Il s'arrête; il descend dans une auberge, où logeait l'état-major de la légion qui était en garnison dans cette ville. Les chambres les plus logeables étaient occupées. D'Alaire pensait à se faire conduire ailleurs; mais son valet de chambre l'a nommé, et le colonel avait dîné chez le comte, lorsqu'il se conformait aux usages, et que le sacrifice de trente mille francs ne l'avait pas forcé à réduire sa dépense.

Le colonel s'estima heureux de revoir un homme pour qui il avait la plus sincère estime. Il alla le recevoir au bas de l'escalier; il le conduisit dans son appartement, et le pria de le partager avec lui. Le comte n'était pas insensible aux témoignages de considération dont il se sentait digne, et il ne manquait pas d'attribuer à l'égoïsme la satisfaction intérieure qu'il éprouvait. Il accepta franchement la proposition du colonel.

Il n'avait pas dîné. Il se fit servir, et comme on ne soupe plus, le colonel n'eut rien de mieux à faire que de lui parler de ce qu'il croyait pouvoir l'intéresser : tout le monde aujourd'hui se mêle de politique. C'est un champ vaste où on trouve toujours à glaner. D'Alaire interrompit le colonel dès les premiers mots. « Ces
» sortes de conversations, lui dit-il, sont
» toujours dangereuses. Elles échauffent
» les têtes, quand on est du même avis;
» elles fomentent des haines, quand on
» pense diversement. L'homme sage peut
» désirer telle ou telle loi. En l'attendant,

» il se soumet à celles qui existent, et il
» s'occupe de ses affaires. Vouloir régler
» celles de l'état, c'est presque toujours
» déranger les siennes ; c'est au moins
» s'agiter sans résultat. Parlons de votre
» régiment. Est-il discipliné ? Vos soldats
» se mêlent-ils d'autre chose que d'obéir?»

Parler de plaire à une coquette, de plaisirs clandestins à une prude, d'éloquence à un avocat, d'or à un avare, de détails militaires à un colonel, est le moyen le plus infaillible d'amener des dissertations interminables. M. de Verneuil passait rapidement d'un objet à un autre. Cependant il commençait seulement à parler d'une tactique nouvelle, dont il était l'auteur, lorsque d'Alaire se leva de table. Il était tout simple que cet ouvrage devînt un jour le livre classique de l'armée française. Encore un égoïste, pensait d'Alaire. Il ne doit pas être plus savant que ses devanciers, qui ont épuisé cette matière. Mais on a dit : Les mémoires du chevalier Folard, la tactique de Guibert, et il faut absolument qu'on dise : La tactique de Verneuil, qui ne vaudra pas mieux que les autres.

Verneuil convient que pour exécuter ses manœuvres, il faudra une extrême agilité. Mais on semble l'avoir prévu : sa légion est habillée d'un petit drap léger, clair comme de la dentelle. Il convient encore que ce drap a bien quelque inconvénient pour l'hiver ; mais tout est changé : on ne fera certainement plus la guerre dans cette saison, et le soldat a de bons poêles dans les casernes.

Ce drap léger, clair comme de la dentelle, a fixé l'attention du comte. Jusqu'ici, il s'est borné à écouter. Il prend la parole, il interroge ; il entre dans les moindres détails. Chaque réponse de Verneuil ajoute à son anxiété. Il veut voir ce drap : le colonel en envoie chercher une pièce.

D'Alaire ne conçoit pas qu'on ait pu recevoir une semblable fourniture, et il ne peut s'empêcher d'en marquer son étonnement. Verneuil lui dit à l'oreille, qu'il compte être incessamment maréchal-des-camps, et qu'il n'a pu s'exposer à déplaire à M. de Versac. « Déplait-on
» à un homme en place en l'éclairant?
» — Vous ne savez donc pas que le four-
» nisseur a une femme très jolie, et
» qu'elle a tout arrangé avec son excel-
» lence? Le soldat n'est-il pas toujours
» dupe par un motif, ou par un autre?
» — Mais votre devoir, M. le colonel?...
» — Mais mon avancement, M. le
» comte? »

D'Alaire ne réplique pas un mot. Il prend son chapeau ; il appelle son valet de chambre ; il sort. Hé bien, j'ai tort aux yeux de certaines gens, pensait-il,

quand je dis, quand je répète, quand je soutiens que l'égoïsme est le levier qui remue le monde. « Félix, je vais m'as-
» seoir sur ce banc de pierre. Allez me
» chercher une auberge; vous m'y con-
» duirez, et vous irez prendre mes effets
» dans celle d'où nous sortons. Je n'y
» veux pas remettre le pied. »

Quel homme bizarre que ce comté! disait le colonel; il n'a aucun usage du monde. Je ne m'étonne plus qu'on ne le porte à aucune place.

Quel homme que Versac! disait le comte, pendant que Félix courait. Je n'ai pas voulu l'accuser devant l'ambitieux et léger colonel : plus il s'approche du précipice, et plus je dois le ménager; assez d'autres l'accableront, quand il s'y sera précipité.

D'Alaire, établi dans sa nouvelle auberge, se fait donner ce qu'il faut pour écrire, et il passe le reste de la nuit la

plume à la main. Ce n'est plus cet homme ardent, qui s'enflamme pour des fautes, qui ne se commettent que trop fréquemment dans un certain monde ; c'est un être sensible, qui tremble pour quelqu'un qu'il a sincèrement aimé et qu'il rougit d'aimer encore. « Le colonel Ver-
» neuil s'est tû, disait-il à Versac, parce
» qu'il a besoin de vous. Mais tous les
» colonels de France n'espèrent pas de-
» venir maréchaux-de-camp à la pre-
» mière promotion. Ils voudront mériter
» de l'être, en remplissant leurs devoirs
» dans toute leur étendue. L'égoïsme
» leur soufflera que contribuer à vous
» perdre, c'est plaire à votre successeur.
» Un orage affreux gronde sur votre
» tête ; tâchez de le détourner, et sachez
» que lorsque l'honneur est perdu, la
» vie n'est plus qu'un fardeau. »

Pour gagner quelques heures sur la malle, d'Alaire donne son paquet à Félix. Il le renvoie à Paris; il lui ordonne de courir, à crever les chevaux, et de ne s'arrêter qu'à la porte de Versac. Le jour commençait à poindre. Il se jette dans sa chaise de poste; il part, avec un postillon en courrier.

Je me suis modéré, pensait-il, en écrivant à ce malheureux; je me suis servi d'expressions qui ne peuvent pas le blesser; je suis content de moi. Combien je serai heureux, s'il ne succombe pas dans cette circonstance, s'il veut sincèrement devenir homme de bien, et si, désormais, il suit mes conseils! Je pourrai me dire : Sa conservation, son existence publique sont mon ouvrage. Quelles nuits douces je devrai encore à l'égoïsme! En se livrant à cette suite de réflexions, d'Alaire s'endort d'un sommeil paisible, et il ne s'éveille que lorsque sa chaise s'arrête devant la grille de son château.

Que fera-t-il, dans une maison immense, seul, sans avoir un domestique pour le servir ? Telle fut sa première idée, quand il descendit de sa voiture. Une trentaine de coups de fusil partent de la cour d'honneur, et en font naître une foule d'autres. Les villageois, rangés en haie, ont leurs chapeaux en l'air, et crient : Vive M. le comte ! vive notre père ! De jolies paysannes, vêtues de blanc, parées de rubans de toutes les couleurs, portent des corbeilles de fleurs et viennent les offrir avec de petites révérences bien gauches, mais si expressives ! Le régisseur de la terre a fait un compliment en prose rimée, qu'il débite avec emphase; sa grosse femme est auprès de lui, le papier à la main, disposée à secourir sa mémoire infidèle. D'Alaire ne voit que le côté touchant du tableau. Une larme s'échappe, malgré lui, et vient mouiller sa paupière. Il répéta bas, bien bas ce vers si connu :

Ces tributs sont bien doux, quand ils sont mérités.

En effet, on ne connaissait dans le village ni la paresse, ni la misère. Le régisseur avait reçu, depuis des années, l'ordre de ne rien donner à l'homme en état de travailler; mais de trouver de l'occupation pour celui qui en manquait, et qui voulait soutenir sa famille par un travail que son objet rend toujours honorable. De petites avances étaient faites au cultivateur intelligent, à qui il ne manquait qu'un peu d'argent pour tirer un parti avantageux d'une terre ingrate. Dans les mauvaises années, et la très sainte providence nous en donne trop, les fermiers du château obtenaient du temps pour payer, et on distribuait aux petits ménages du blé et des légumes secs. Les jeunes gens se mariaient, parce qu'ils étaient sans inquiétude sur l'avenir. Ils justifiaient l'axiome de Jean-Jacques : Partout où un homme et une femme peuvent vivre commodément, il se fait un mariage. On apprend que M. le comte est arrivé sans domestique, et chacun s'empresse de s'offrir; chacun sollicite l'honneur d'être préféré. Ceux qu'il choisit sont dans une espèce d'enchantement; les autres se consolent en pensant qu'ils méritaient cet honneur, comme ceux que le comte n'a pu prendre qu'au hasard.

En arrivant, il avait donné beaucoup à la sensibilité : on avait surpris, subjugué son cœur. Il revint bientôt à son triste système. J'ai fait du bien à ces gens-là, se disait-il; ils espèrent que je leur en ferai encore : voilà la source de l'attachement qu'ils me marquent, et ils ne s'en doutent pas. Ils croient vraiment m'aimer; ne détruisons pas leur illusion: elle me procurera encore des jouissances.

Mais comment a-t-on su qu'il arrivait dans sa terre ? Il est parti de Paris inopinément, et il n'a pas écrit de Blois à son régisseur. Il fait venir cet homme;

il l'interroge. Le régisseur lui remet une lettre de Paris. « Il est clair, dit-il, que
» cette lettre n'a été adressée ici que parce
» qu'on a su que M. le comte y venait.
» Nous ignorions le moment de son arri-
» vée; mais chaque jour la moité des ha-
» bitans se tenait prête à le recevoir. »

D'Alaire porte les yeux sur l'adresse, et son cœur a tressailli; il passe dans une chambre voisine; il s'y enferme; il brise le cachet. « C'est en vain que j'ai voulu
» lui échapper, s'écria-t-il; elle me
» poursuit jusqu'ici. » Il lit, il soupire, il pose la lettre, il la reprend. Il continue de lire, il distingue à peine les caractères; il n'est plus maître de lui.
« C'est l'innocence, c'est la candeur qui
» s'expriment avec le charme qui leur
» est propre; mais quel abandon, quel
» sentiment se peignent à chaque mot!
» Quel trouble ils portent dans mon sein!
» Je ne peux m'abuser plus long-temps:

» ce ne sont pas mes sens seuls que j'ai
» combattus à Paris. J'aime, j'idolâtre
» Julie ; il faut la posséder, ou souffrir
» sans relâche. Elle est sans expérience:
» elle aura cédé sans avoir prévu sa dé-
» faite.... Infâme, qu'as-tu pensé, qu'as-
» tu dit ? Elle croit à ta vertu, elle est
» sans défiance, et tu veux t'armer de
» sa faiblesse ! Lâche, tu n'oses résister
» à ton cœur ! Tu veux que du moment
» où tu auras immolé ta victime, tous
» tes jours soient empoisonnés par les re-
» mords ! Vil égoïste ; tu aurais peut-
» être repoussé la laideur ; mais quand
» Julie s'est présentée chez toi, sa jeu-
» nesse, sa beauté, ses grâces t'ont
» frappé. Tu formais déjà, sans t'en ren-
» dre compte, le coupable projet auquel
» tu viens de t'arrêter.... Et tu as osé
» adresser à Versac des reproches cruels
» au sujet de cette enfant ! Avait-il con-
» tracté envers elle les obligations de la

» sainte hospitalité? Avait-il surpris sa
» confiance par des soins qu'elle dût croire
» désintéressés? Se l'était-il attachée
» par la force des bienfaits? Attaquée
» ouvertement, elle a pu se défendre;
» mais toi, tu as employé contre elle ce
» que la séduction a de plus puissant,
» de plus délié. Relis sa lettre, malheu-
» reux ; pèses-en les expressions, et fris-
» sonne. L'amour s'est aussi insinué dans
» ce cœur pur, et ses tourmens à venir
» seront ton ouvrage....

» Mais quoi ! n'est-il pas un moyen
» légitime d'être heureux ? L'offre de
» ma main ne comblerait-elle pas tous
» les vœux de Julie ?... Ah! l'horrible
» conduite de sa mère ne rejaillirait-elle
» pas sur moi? Me résignerai-je à par-
» tager son opprobre?... Julie a tou-
» jours été sage, et l'infamie de sa mère
» ne saurait l'atteindre..... Mais le
» monde?... Est-il juste?... Hé, qu'im-

» porte ? serai-je arrêté par la crainte
» du blâme, moi qui ne m'occupe que
» de mes jouissances personnelles ? Non,
» je serai heureux, autant qu'il est
» donné à l'homme de l'être, et Julie
» partagera mon bonheur.

» Ton bonheur ? Insensé ! Elle est à
» son aurore, et tu es sur ton déclin. Ne
» te flatte point : elle ne connaît que
» toi, et tu as réuni toutes ses affections;
» mais elle ne peut tenir à toi que par les
» sentimens qui subjuguent les belles
» âmes. Elle se trompe elle-même sur
» ce qu'elle croit éprouver. Ses yeux,
» son cœur s'ouvriront un jour; elle te
» jugera et elle connaîtra un vainqueur.
» Si elle succombe, tu périras de dou-
» leur. Si elle résiste, elle sera malheu-
» reuse. Le spectacle de ses combats,
» de ses tourmens, la froideur involon-
» taire qu'elle te marquera, te rendront
» la vie insupportable.

» Hé bien, ne démens pas cinquante
» ans d'une conduite irréprochable, et
» conserve ta propre estime. Non, Julie,
» jamais tu ne m'appartiendras, mais tu
» seras respectée ; j'en fais le serment ;
» et si je ne peux me vaincre, je me met-
» trai dans l'impossibilité de le violer.

» Un suicide, parce qu'une fille est
» charmante, parce que j'ai un cœur
» arme-toi contre lui ; ne lui pardonne
» rien ; oppose-lui sans cesse ta raison ;
» présente-lui le miroir de l'austère, de
» l'inexorable vérité et tu le réduiras au
» silence. Combien tu seras fier de ta vic-
» toire ! combien tu t'applaudiras d'a-
» voir surmonté le plus puissant, le plus
» doux des penchans, d'avoir conservé
» Julie digne encore des vœux d'un hon-
» nête homme! L'effort est sublime, sans
» doute ; et c'est alors que l'égoïsme peut
» se confondre avec la vertu. »

D'Alaire, vous le voyez, était en proie

à ce que les remords, l'espérance ont de plus cruel et de plus doux. Faible, irrésolu, il revient toujours avec fermeté aux principes dictés par l'honneur. Il tombe enfin dans cet accablement profond, qui succède toujours à des sensations violentes et prolongées. Cet accablement même est pour lui une espèce de repos.

Il en est tiré par le son des musettes et d'un aigre violon. Il se lève péniblement ; il se traîne à une croisée.... Une table est dressée dans la cour. Elle est surmontée d'un dais formé de guirlandes de fleurs. Un grands fauteuil, fraîchement rempaillé, est placé sur une estrade que le charron a préparée sans bruit. Tous les habitans du village sont rassemblés. Ils attendent le moment d'offrir au comte leur pain, leur vin et ce qu'ils ont trouvé de plus délicat.

Une sensation nouvelle dissipe, pour

un moment du moins, celles qui affectaient si douloureusement d'Alaire. La gaieté franche qui anime ces bonnes gens lui arrache un sourire. Il sent que se placer au milieu d'eux, est le prix le plus flatteur qu'il puisse accorder à leurs soins. Il sort, il se présente, et à l'instant la table est servie. Il remarque qu'il n'y a qu'un couvert, et il fait un signe à son régisseur. Il passe dans les rangs ; il présente avec bienveillance la main à quelques vieillards ; il les invite à partager avec lui le banquet offert par l'amitié. Il demande, il prie, il ordonne qu'on enlève l'estrade. « Vous m'avez » nommé votre père, leur dit-il ; un » père ne se distingue de ses enfans que » par l'affection qu'il leur porte. » A ces mots des acclamations générales frappent les airs. Le comte s'abandonne sans réserve à sa sensibilité. Il oublie tout à fait l'égoïsme.

Des femmes âgées, ravies de l'honneur que reçoivent leurs maris, s'approchent d'eux peu à peu, s'appuient sur le dos de leur chaise, et comblent d'Alaire de bénédictions. Il se hâte de réparer un oubli involontaire, et les bonnes femmes ont le plaisir de choquer de leurs verres celui de l'homme bienfaisant, à qui elles doivent le repos de leurs vieux jours.

La jeunesse se pressait autour de la table d'un peu trop près quelquefois. Un signe impératif des vieillards l'éloignait. « Laissez-les, laissez-les s'approcher, » disait d'Alaire avec Henri IV ; ils » sont affamés de me voir. »

Au repas le plus touchant et le plus gai succéda un bal champêtre. D'Alaire rentra chez lui calme et heureux. « Ah ! » dit-il, Julie n'est plus à craindre, » quand je suis au milieu de ces braves » gens. C'est un asile que je chercherai

» souvent. » Cependant il n'osa pas relire la lettre dangereuse ; il osa moins encore y répondre. Il ordonna à son régisseur d'écrire à madame Bernard qu'il était arrivé sans accident.

On servait le comte autant par attachement que par devoir. Félix ne s'était pas arrêté un moment. Il était arrivé à la porte de Versac, brisé, moulu. Après avoir remis son paquet, il avait envoyé chercher un fiacre, s'était fait porter dans la voiture et conduire à l'hôtel d'Alaire.

Son cocher et le suisse suffisent à peine pour le descendre du carrosse, pour lui aider à monter l'escalier. Julien rentrait. Il s'arrête, il s'étonne ; les apparences l'égarent. « M. Félix est à moitié mort ! » s'écrie-t-il en courant, et il revient seul ! M. le comte n'est plus ! » Ce cri passe de l'antichambre au salon. Julie s'élance ; elle vole ; elle est dans la chambre de Félix. Madame Bernard la suit lentement, prudemment ; elle arrive enfin. Félix est accablé de questions auxquelles il n'a ni le temps ni la force de répondre. Madame Bernard prononce qu'il faut d'abord le mettre au lit; lui préparer en toute hâte une rôtie au vin, et qu'ensuite on pourra se parler et s'entendre. Elle emmène Julie, tourmentée, anéantie par l'horreur des tableaux que son imagination lui présente. La chaise de poste du comte renversée, traînée, brisée par les chevaux; l'être le meilleur, le plus aimable, sanglant, défiguré, expirant peut-être !... des voleurs lui arrachant, pour un peu d'or, la vie la plus utile, la plus précieuse !... elle ne sait à quelle idée s'arrêter ; toutes sont cruelles, épouvantables. Elle sonne, elle sort en même temps ; elle appelle Julien qui ne peut lui répondre ; elle retourne à la porte de la chambre de

Félix; les bienséances disparaissent ; le comte est tout pour elle; elle ne voit plus que lui dans l'univers. Elle a la main sur le loquet; ses genoux ploient sous elle ; elle tombe devant cette porte qu'elle n'a pu ouvrir. Madame Bernard, haletant, affaiblie, la relève, la soutient, la ramène une seconde fois, et se laisse aller sur une ottomane, où elles restent fixées par l'épuisement, l'inquiétude et la douleur.

Le comte n'avait pensé qu'à Versac, lorsqu'il avait envoyé Félix à Paris. Il n'avait pu prévoir d'ailleurs ce qui se passait alors à l'hôtel. En admettant que Félix arrivât excédé de fatigue, il aurait au moins conservé la faculté de se faire entendre; et cela aurait paru suffisant à d'Alaire pour que ces dames ne conçussent aucune espèce d'alarmes. Mais le cœur est si prompt, si habile à se créer des chimères analogues à ses sensations du moment ! il croit si facilement ce qu'il redoute ! il se livre avec tant de charme aux séductions de l'espérance ! Qui de nous n'a pas éprouvé ces transitions subites et les moins raisonnées de l'espoir à la crainte, et de la crainte à l'espoir ?

Félix ne peut se tourner dans son lit ; mais la rôtie au vin l'a ranimé. Julien vient annoncer que M. le courrier est en état de répondre aux questions qu'on voudra lui faire. A l'instant Julie retrouve ses forces qu'elle croyait anéanties. C'est elle qui soutient à son tour, qui conduit madame Bernard. On s'assied près du lit de Félix ; on l'accable de nouveau d'une foule de questions. Un valet de chambre est presque un homme du monde ; et Félix connaît son Grétry.
« Mesdames, dit-il, avec un sourire qui
» aurait rassuré des êtres moins pré-
» venus :
En Huronie
Chacun parle à son tour.

Madame Bernard trouva la citation déplacée, impertinente. « Qu'a de com-
» mun, dit-elle, la Huronie avec M. le
» comte? Au fait, s'il vous plait, M. Fé-
» lix. Où l'avez-vous laissé? s'écrie Ju-
» lie; dans quel état était-il? que vous
» a-t-il chargé de nous dire? — Ma-
» demoiselle, j'ai laissé M. le comte à
» Angers. Il paraissait très préoccupé ;
» mais il jouissait d'une santé parfaite,
» et il ne m'a chargé d'aucune mission
» pour vous. »

La dernière partie de cette réponse n'avait rien de flatteur pour Julie. Mais il n'était rien arrivé de fâcheux à d'Alaire; Félix l'assurait avec cette tranquillité, ce ton de bonne foi si propres à persuader. Quand le cœur sera tout à fait rassuré, l'amour-propre reprendra ses droits. Toute femme en a sans doute, et quelque chose disait intérieurement à Julie que le sien n'était pas mal fondé.

La conversation se régularise enfin, et comme en Huronie, chacun parle à son tour. Félix entra dans certains détails que vous connaissez. Le vrai motif de la fuite de d'Alaire, les justes inquiétudes que lui cause Versac sont ignorés de M. le courrier. Après s'être fait répéter dix fois les mêmes choses, ces dames se retirent, et vont, dans un petit cabinet bien reculé, commenter les réponses de Félix.

Il demeure constant qu'une affaire de la plus haute importance a forcé le comte à partir inopinément. On répète à ce sujet ce qu'on a dit au moment de son départ, sur la nature de cette affaire. Elle doit être d'un genre affligeant, puisqu'il l'a cachée aux deux personnes qu'il admettait seules dans son intimité, et à qui il a craint de faire partager sa peine. Il a reçu, à Angers, des nouvelles fâcheuses, puisqu'il a passé la nuit à écrire, et qu'il a fait partir Félix en toute hâte. Enfin cette affaire est effrayante pour ceux qui s'intéressent sincèrement au comte, puisqu'elle lui a fait oublier les procédés que prescrivent les plus simples bienséances. Sans son extrême préoccupation, aurait-il oublié d'écrire, ou de faire dire un mot à Mme. Bernard, qui a toute sa confiance; à Julie, à qui il porte la tendresse d'un père? Cette dernière réflexion est dictée par l'amour-propre blessé, qui cherche toujours à cicatriser ses blessures. Mais on tire de cette préoccupation des conséquences qu'on croit très naturelles. Une forte tension d'esprit affecte à la fin le moral, et on sait quelle influence le moral exerce sur le physique. D'après cela, il est clair que le comte est malade, et on lui doit des soins et des consolations. Vous n'avez pas oublié que Mme. Bernard a une envie démesurée de voir la terre de Basse-Bretagne. Vous pressentez que Julie cherche à échapper au vide insupportable qui l'environne. La Normandie, la Bretagne, la Provence lui sont indifférentes; mais elle brûle de se réunir à son ami.

Les prétextes les plus plausibles de départ sont trouvés : le résultat de la conférence n'est plus douteux pour vous. Mme. Bernard veut attendre au lendemain, parce qu'elle entend composer deux malles de ce qu'elle a de plus beau : on aime à briller partout, même au village. Julie, parée de sa jeunesse et de ses grâces, ne répond aux observations de Mme. Bernard, qu'en entassant dans un sac de nuit ce qui se trouve sous sa main; elle ne sait ce qu'elle y a mis, n'importe. Il est plein ; elle a serré et noué les cordons. Assise sur ce sac, ses bras rondelets croisés sur sa poitrine, elle demande flegmatiquement à Mme. Bernard si elle est prête. Mme. Bernard lui

répond par un éclat de rire. Julie insiste ; Mme Bernard se fâche. « J'ai cent
» louis, madame ; il y a une calèche sous
» les remises, et je pars avec Félix. —
» Avec Félix, Julie ! — Oui, madame.
» Je le mettrai dans la voiture : c'est une
» attention que je dois à M. le comte.
» Il est malade, et il ne peut se passer
» de son valet de chambre. — Mais,
» Julie, Félix est un jeune homme. —
» Jeune ou vieux, qu'importe ? — Les
» convenances....... — Les convenances
» sont très respectables, sans doute. Mais
» M. le comte est malade, et tout disparaît devant cette idée-là. — Cruel
» enfant, donnez-moi du moins trois
» heures. — Trois heures, madame,
» pour faire vos malles seules, n'est-il
» pas vrai ? Je vais appeler Marguerite;
» nous vous aiderons toutes les deux, et
» voilà deux heures de gagnées. Ne perdons pas un moment. Ouvrez vos armoires... Marguerite.... Marguerite...

» Julien, André...... Ma bonne Mar-
» guerite, travaillons fort, et prestement.
» Julien, vous fermerez ces malles; vous
» les attacherez, avec André, derrière
» et devant la calèche.... — Devant,
» mademoiselle! Cela ne se peut pas. —
» Vous en mettrez une dans la voiture,
» s'il le faut. Allez dire à Félix de s'ha-
» biller, nous le prenons avec nous. —
» Mais, mademoiselle, vous ne tiendrez
» pas trois dans la calèche, si vous y
» mettez une malle. — Je m'asseoirai des-
» sus. Plus d'observations, Julien, elles
» seraient inutiles... Ah! des chevaux de
» poste, de suite, à l'instant, à la mi-
» nute.

» Prenez donc garde, Marguerite!
» criait madame Bernard; vous froissez
» ma robe de crêpe... Julie, vous écrasez
» les plumes de mon chapeau. » Julie n'entend rien; elle bourre malles et
cartons. Une enfant, douce et ti-
mide, prend tout à coup un ascendant

irrésistible sur tout ce ce qui l'entoure; elle dirige tout; elle communique à tout la vie et le mouvement. Madame Bernard gronde; mais elle cède. Marguerite, Julien, André ont une activité qu'ils ne s'étaient pas encore connue. Félix comptait sur vingt-quatre heures de repos. Il se lève en murmurant, et pourtant il se lève. Y a-t-il, en effet, des êtres qui soient nés pour commander aux autres, ou l'empire de la beauté est-il tel que rien n'y puisse résister?

Les deux malles sont placées derrière la calèche; les cartons sont fixés sur l'impériale. On entend le hennissement des chevaux, le fouet des postillons. Julie entraîne, porte madame Bernard. On est en voiture; la porte cochère crie sur ses gonds; on est parti; on brûle le pavé.

FIN DU PREMIER VOLUME.

www.ingramcontent.com/pod-product-compliance
Lightning Source LLC
Chambersburg PA
CBHW070644170426
43200CB00010B/2124